Die Wahrheit über Männer

BoD™
BOOKS on DEMAND

Robert Hosner

DIE WAHRHEIT ÜBER MÄNNER

Was Frauen noch nie zu fragen wagten

Dr. Robert Hosner
Die Wahrheit über Männer
Was Frauen noch nie zu fragen wagten
ISBN: 978-3-7347-2048-2
Copyright: 2015 Dr. Robert Hosner
Coverfoto: Kassettenbild II-Tanzende Männer
                    Maler: Hans van Marees (1837-1887)
                    Foto: James Steakley
                    Lizenz: CreativCommons by-Sa-2.0-de
Lektorat: Mag. Pamela Obermaier

1.Auflage Jänner 2015

Herstellung und Verlag:
BoD - Books on Demand
In de Tarpen 42
D-22848 Norderstedt
www.bod.de
info@bod.de

Die Deutsche Nationalbibliothek verzeichnet diese Publikation in der Deutschen Nationalbibliografie; detaillierte bibliografische Daten sind im Internet über http://dnb.dnb.de abrufbar.

Inhalt

Vorwort

Fragen Sie sich, warum Männer andauernd auf den Klorand pinkeln? Warum sie sich nach dem Sex nicht waschen? Schwelgten Sie schon einmal in einer erfüllten Liebesbeziehung zu einem Mann, der dann eines Tages seltsam wurde, sich plötzlich von allem distanzierte, sich tagelang nicht mehr meldete? Der dann Sprüche klopfte wie „Schatz, ich brauche einfach noch etwas Zeit, wir sollten eine kurze Auszeit nehmen, es ist noch zu früh für alles"? Was geht im Gehirn von uns Männern vor? Sind wir wirklich penisgesteuerte Testosteronopfer und vielleicht überhaupt nicht beziehungsfähig? Warum können uns Frauen so schwer verstehen? Natürlich ist jeder Mann wie jeder Mensch, anders. Man muss achtgeben, nicht alle über einen Kamm zu scheren. Wir sind im Grunde recht einfach gestrickt, wahrscheinlich viel einfacher als manches weibliche Wesen. Vieles lässt sich aus der Evolution erklären. In Urzeiten, als wir noch Jäger waren, unter Lebensgefahr das Wild erlegten, uns gegen Eindringlinge verteidigen mussten, und vor allem für Nachkommen sorgten. War damals vielleicht alles viel einfacher, die Rollen klarer verteilt? Die Frau blieb daheim, beschützte die Kinder und war für die Nahrungszubereitung zuständig. Steckt in uns Männern noch jener Urmensch, der instinktiv darauf aus ist, seinen Samen auf viele Frauen zu verteilen? Warum sonst hat der Mann zwei Hoden, Milliarden von Spermien und bleibt bis ins Höchstalter zeugungsfähig? Liegt es an unseren Genen, wie wir uns verhalten, wie wir denken und fühlen oder ist uns vieles von Kindheit her anerzogen? Oder gilt womöglich beides?

Ticken Männer anders als Frauen und wenn ja, warum? Was sollte frau über uns Männer wissen? Gibt es Anleitungen, Empfehlungen oder Rezepte wie man am besten mit uns umgeht? Kann man uns unbemerkt beeinflussen, lenken und manipulieren? Ich behaupte: ja. Wahrscheinlich ist nichts einfacher als das. Erleben wir Männer die Sexualität anders? Warum drehen sich die meisten Männer nach dem Liebesakt auf die Seite und schlafen ein? Sind Frauen romantischer veranlagt als die Herren der Schöpfung? Warum schielen Männer auf der Toilette zum Nebenmann, um die Größe ihres besten Stücks zu vergleichen? Wie und worin unterscheiden sich Mann und Frau? Wie unterschiedlich sind Männer generell oder sind sie das überhaupt gar nicht? Warum bleibt der eine Mann lebenslang treu, während sich der andere nach jeder gut aussehenden Frau umdreht? Auf diese und noch andere Fragen wage ich hier Antworten zu finden. Zugegeben, wir Männer verstehen auch so manche Frau nicht, aber ich als Mann will zumindest aus meiner Sicht, meiner Praxis und jenen Erfahrungen, die ich im Laufe meines Lebens mit Freunden und anderweitig bekannten Männern machte, berichten. Versuche dabei, Klischees und Verallgemeinerungen zu vermeiden, mich auf Fakten und Erlebtes zu beschränken. Will meine Gefühle, mein Denken und Handeln aus der Sicht eines kenntnisreichen Arztes darlegen. Denn mit zunehmenden Alter ändert sich vieles. Man(n) denkt und handelt anders, wird nicht unbedingt klüger, aber erkennt durch Erfahrung die größeren Zusammenhänge. Ich möchte auf wissenschaftlicher Basis zeigen, was „den" Mann im 21.Jahrhundert ausmacht und welchen Zugang Frauen zu ihm finden können. Wenn Sie am Abend mit diesem Buch im Bett liegen und Ihr Partner daneben schläft, ja vielleicht sogar schnarcht, sollten sie schmunzeln und gelernt haben, so etwas und vieles andere an ihm besser zu verstehen. Vielleicht hilft dieses Buch Ihnen, Ihr geliebtes Wesen mit kleinen versteckten Tricks zu beeinflussen, ihn zu verändern, sodass er Ihnen mehr Aufmerksamkeit schenkt, anders denkt, mehr mit Ihnen spricht, romantischer wird. Sie mehr und anders wahrnimmt. Vielleicht geht er dann besser und öfter auf Ihre Wünsche ein und fährt im nächsten Urlaub genau dorthin, wohin Sie möchten. Gegebenenfalls bemerkt er es, dass Sie sich neue Schuhe oder eine neue Brille zugelegt haben, möglicherweise merkt er sich nun sogar, welches Kleid Sie am Vortag anhatten. Wäre es nicht schön, wenn er jetzt wie selbstverständlich Blumen nachhause brächte oder mit Ihnen romantisch essen gehen würde? Öfters Sex zu haben wäre auch nicht schlecht. Ist es möglich, einen Schürzenjäger zu bekehren? Einen Mann dazu zu bringen, einmal die Fenster zu putzen und gleichzeitig obendrein zärtlicher als sonst zu sein? Wie, Ihr Liebster klebt zu sehr an Ihnen, schränkt Sie ein und ist ein Despot? Es gibt öfters Streit und Sie sehnen sich nach einträchtiger Zweisamkeit? Ich will ja nicht zu viel versprechen, aber versuchen, zu diesen Themen Lösungsvorschläge zu unterbreiten. Anhand praktischer Beispiele stelle ich verschiedene Szenarien nach, zeige häufig vorkommende Situationen auf, solche, die als typisch gelten. Machen Sie es sich in Ihrem Bett oder wo sie gerade sind, gemütlich und lesen Sie auf den nächsten Seiten, wie wir Männer wirklich ticken!

Wie lerne ich bloß meinen Traummann kennen?

Karin ist 25 Jahre alt, steht mitten im Leben und ist Bankkauffrau. Sie ist glücklich und zufrieden, hat ihren Freundeskreis und ist beruflich erfolgreich. Sie ist der Kumpeltyp, den man gerne um Rat fragt, mit dem man schon einmal ein Bierchen trinken geht und den man gerne zu Familienfesten einlädt. Ihre kleine Wohnung ist geschmackvoll eingerichtet, außerdem fährt sie gerne und oft auf Urlaub. Trotz allen Glücks fehlt ihr etwas Wichtiges im Leben: Eine Person, mit der sie Gemeinsames erleben und mit der sie sich am Abend austauschen kann. Genauer gesagt ein Mann, der sie in den Arm nimmt, mit dem sie Sexualität leben kann und mit dem sie vielleicht eines Tages sogar eine Familie gründen würde.

Ja, sie hatte bereits die eine oder andere kurze Liebschaft, sie flirtet gerne und oft, aber der Richtige war noch nicht dabei. One-Night-Stands sind nicht ihr Ding, nein, sie sucht etwas Dauerhaftes, kurzum Ihren Traummann.

Sie ist umgeben von glücklichen und verliebten Pärchen, doch für sie scheint sich niemand zu interessieren. Da gebe es zwar Ralph, ihren Vorgesetzten: Er sieht gut aus, ist nett und gewissenhaft und wäre noch zu haben. Der würde ihr schon gefallen, mit dem könnte sie sich zumindest ein Verhältnis vorstellen. Aber Ralph ignoriert sie völlig – so wie er überhaupt den Eindruck macht, weiblichen Wesen gänzlich aus dem Weg zu gehen. Was könnte sie unternehmen, um auf sich aufmerksam zu machen und ihn zu ködern? Wie und wo schafft man es überhaupt, seinen Traummann zu finden und mit ihm eine Beziehung zu beginnen? An welchen Orten hat man am ehesten Chancen, den passenden Mann zu finden?

Wenn man dem Marktforschungsinstitut glaubt, dann finden Menschen ihren späteren Partner zu 33 Prozent im Freundes- und Verwandtenkreis, dicht gefolgt von 22 Prozent, die ihn beim abendlichen Ausgehen in einer Bar, Kneipe, einem Café oder einer Disco treffen und kennenlernen. Danach tummeln sich auf Platz drei öffentliche Veranstaltungen und Feste und danach - man möchte es nicht glauben – kommt auch schon der Arbeitsplatz. Weit abgeschlagen liegen Sport (z.B. das Fitnessstudio) als Ort, jemanden kennenzulernen, und das Internet.

Glücklicherweise spielt das Leben oft andere Stücke. Warum sollte es nicht zwischen den Regalen in einer Buchhandlung oder auf der Uni passieren, vielleicht sogar im Supermarkt? Eines ist jedoch klar: Der Traummann kann überall auf einen warten. Halten Sie deshalb Ihre Augen weit offen! Aber: Der Mann Ihrer Träume kommt nicht durch das Fenster in Ihre Wohnung geflogen. Sie müssen schon in die freie Wildbahn hinausgehen.

Nach dem "Wo" kommt das "Wie": Sie haben einen Mann ausgemacht, der Ihnen gefällt. Wie können Sie es anstellen, auf sich aufmerksam zu machen? Prinzipiell raten Psychologen, man sollte locker, gelassen und natürlich bleiben. Sie müssen Ihre Bereitschaft, jemanden kennenzulernen, ausstrahlen. Viele Männer haben einen sechsten Sinn dafür. Sie sollten aber nicht verkrampft und frustriert nach Männer suchen, denn auch das können wir förmlich riechen und das törnt uns eher ab.

Wie nehmen wir Männer Frauen eigentlich wahr? Männer sind nun einmal optische Typen - da führt kein Weg daran vorbei. Wissenschaftler behaupten, als erstes würden Männer Gesicht und Haare registrieren, dann die Figur gefolgt von bestimmten Einzelteilen des Körpers, nämlich Brüsten, Po und Beinen. Gleichzeitig taxieren wir den Geruch. In Sekundenschnelle entscheidet unser Gehirn, ob unser Gegenüber eine potenzielle Sexpartnerin sein könnte. Das weiß die Frau von heute. Das ist ja auch mit ein Grund, warum sich Frauen nicht nur schminken, sich einen knallroten Lippenstift zulegen, sich auffällig kleiden und ihre Beine herzeigen, sondern auch reichlich Parfum auflegen. Denn erst wenn unser Gehirn uns signalisiert, dass uns ein weibliches Wesen gefällt, erfolgt der nächste Schritt: Wir reagieren. Wir beginnen zu flirten, schauen der Frau tief in die Augen, lächeln und zeigen unsere Bereitschaft für mehr. Erst wenn der optische Ersteindruck positiv abgehakt werden konnte, beginnt die nächste Phase: Wir versuchen, Kontakt mit unserem Objekt der Begierde aufzunehmen. Nun kommt die Sprache ins Spiel. Und das ist sehr wichtig, denn wenn uns die Frau noch so gut gefällt – die Sprache kann alles zerstören. Kennt nicht jeder von uns gut aussehende Menschen, die, sobald sie den Mund aufmachen, plötzlich unsympathisch wirken? Sei es nun die Stimmlage oder der Dialekt oder das, was sie von sich geben.

Erst wenn die Kommunikation aufgenommen wurde, geht es um die berühmten „inneren Werte": Jetzt kann frau endlich alle ihre Trümpfe ausspielen. Je länger die Unterhaltung dauert, desto mehr können wir uns ein Bild von unserem Gegenüber machen. Der Mann liebt in der Regel Natürlichkeit, Kumpelhaftigkeit und Ehrlichkeit. Geben Sie sich daher so authentisch wie möglich, seien Sie einfach Sie selbst und Sie werden punkten.

Danach kommt Phase drei ins Spiel: Wir Männer sind Egomanen, von Kindheit an erfolgsorientiert und sehnen nichts so sehr herbei wie Anerkennung. Wir brauchen Erfolgserlebnisse – sei es beruflich oder im privaten Bereich. Gelobt zu werden ist das Höchste der Gefühle und hier können Sie weitere Punkte machen: Sagen Sie dem begehrten Mann, wie sehr Sie seine Arbeit schätzen, sein Auto, seine Uhr oder seine Krawatte bewundern und Sie werden Treffer um Treffer landen. Als nächstes kommt es darauf an, das Gespräch zu vertiefen. Was gibt es da Besseres als ein gemeinsames romantisches Abendessen? Dabei können auch Sie sich ein besseres Bild von Ihrer Begleitung machen und entscheiden, ob mehr daraus werden könnte. Was dann in unseren Gehirnen vor sich geht, wenn wir uns verlieben, das weiß auch der klügste Wissenschaftler nur teilweise. Fakt ist, dass Glückshormone freigesetzt werde, die uns auf Wolke sieben schweben lassen. Das Dopamin als „Belohnungstransmitter" vermittelt uns dieses Glücksgefühl und erleichtert die Vorstellung, sich auf eine monogame Beziehung einzulassen und die Verantwortung für eine Familie zu bewältigen. Das Oxytocin wiederum ist das „Schmusehormon" und der Stoff für die Basis des Vertrauens. Es hat eine wichtige Funktion beim Sex, später beim Entbindungsprozess und beeinflusst schließlich das Verhalten der Mutter mit ihrem Kind.

Forschungen an der Universität Pavia im Jahre 2005 ergaben auch einen erhöhten Neurotrophinspiegel bei Verliebten im Blut, der sich nach einem Jahr wieder normalisierte. Wissenschaftler vermuten, dass dies der Grund für die Euphorie und die Unzurechnungsfähigkeit ist, die während der Phase der ersten Verliebtheit zu irrationalen Handlungen führt und Hemmschwellen abbaut. Eigenartigerweise sinkt der Testosteronspiegel beim verliebten Mann, während er bei der Frau steigt. Man nimmt an, dass dadurch die Aggressivität und Flatterhaftigkeit bei Männern reduziert wird, während sich dadurch bei den Frauen die Bereitschaft zum Sex erhöht. Warum der Serotoninspiegel bei der Verliebtheit sinkt, obwohl auch dies ein Glückshormon ist, darüber gibt es nur Hypothesen. Ein wesentlicher Faktor bei der frischen Liebe ist auch der Geruchsinn. Er ist entscheidend daran beteiligt, ob und in wen wir uns verlieben, ja man nimmt sogar an, dass der Mensch unbewusst durch den Geruchsinn erkennen kann, wie es um die Beschaffenheit des Immunsystems beim Partner steht. Ein möglichst unterschiedliches Immunsystem beider Partner ist günstig für die Nachkommenschaft, da durch die Vererbung die Wehrhaftigkeit gegen Krankheiten bei den Nachkommen steigt.

Wie hat Karin nun Ralph herumgekriegt? Eines Tages, als es einen heftigen Regen gab, hat sie am Parkplatz hinter der Bank ihren Wagen so manipuliert, dass er fahruntauglich wurde. Da stand sie also, durchnässt und hilflos im Regen, als Ralph kurze Zeit darauf vorbei kam. Hilfsbereit, wie er nunmal war, musste sie ihn nicht zweimal bitten, den Wagen wieder flott zu machen. Da Autos nicht so sein Ding waren, dauerte es eine ganze Weile, bis er den Fehler fand. Obwohl sie völlig durchnässt waren, gelang es Karin, ihn zum Dank in ein Café einzuladen. Nun begann Phase zwei unserer Kennlernskala. Ralph war in seinem Selbstbewusstsein gestärkt und erstmals fiel ihm auf, was sich für eine liebenswerte und natürliche Persönlichkeit hinter seiner biederen Mitarbeiterin verbarg. Ob aus Karin und Ralph mehr wurde, das wollen wir dahingestellt lassen.

Szenarien des Kennenlernens

Wir haben also gehört, dass das Kennenlernen häufig in Bars, Cafés und Diskotheken stattfindet. Eine Bar ist der ideale Ort, um jemandem zu begegnen. Sie werden wahrscheinlich nicht allein hingehen, sondern Ihre Freundin mitnehmen. Nun befinden Sie sich in einem offiziellen Jagdrevier. Die Atmosphäre ist schummrig und daher ideal zum Anbandeln. Das Gläschen Alkohol senkt die Hemmschwelle. Nun muss nur noch Ihr Traummann anwesend sein. Männer gehen gerne in Bars, speziell, wenn sie single sind. Auch wenn Männer Sorgen haben oder frustriert sind, suchen sie gern eine Kneipe auf. Denn während Frauen zum Telefonhörer, um ihre Freundin anzurufen, greifen Männer im Frust zum Alkohol. Sie sitzen also am Tresen und Ihr Blick erspäht ein potenzielles Opfer. Nehmen Sie Blickkontakt auf, nicht zu aufdringlich, aber zeigen Sie Interesse! Schaut Ihr Auserwählter zurück, so ist das schon die halbe Miete. Vielleicht kommt er ja gleich herüber, um sich ein weiteres Bier zu bestellen. Jetzt wäre es gut, wenn Sie noch näher an ihn herankämen. Seien Sie mutig! Bitten Sie ihn um einen Kugelschreiber, um Feuer oder sagen Sie ihm einfach, Ihr Handy wäre defekt, und fragen, ob er da einmal nachsehen könnte. Spätestens dann werden Sie bemerken, ob Ihr Opfer anbeißt. Jetzt hat auch der dümmste Mann kapiert, was Sache ist. Er hat Sie bereits taxiert, Phase eins, zwei und drei sind abgeschlossen und wenn Sie ihm sympathisch sind, wird er die weitere Initiative übernehmen und der Abend hat sich gelohnt.

Wollen Sie Ihr Objekt der Begierde bei Tageslicht und nüchtern sehen, so gehen Sie tagsüber in ein Café. Hier können Sie durchaus alleine hingehen, eine Zeitung lesen, sich mit Ihrem Laptop oder Smartphone spielen oder einfach nur Ihren Kaffee trinken. Auch Single-Männer gehen mittlerweile gerne in Cafés, besonders in der Mittagspause, auf einen kleinen Imbiss, und spätestens am Wochenende sind sie in bester Flirtlaune, denn alleinstehende Männer sind ebenso auf der Suche nach der großen Liebe wie Sie.

Anderer Vorschlag: Wie wäre es mit einem Fitnessstudio? Achten Sie aber darauf, in welchem Sie sich anmelden. Schnuppern Sie hinein und beobachten Sie die Klientel. Muskelprotze, Frauen, Homosexuelle, Türsteher und Zuhältertypen sind ja vielleicht nicht so Ihr Ding. Haben Sie das passende Studio gefunden, so werden Sie am Crosstrainer mit dem Nachbarn schnell ins Gespräch kommen. Wenn er Sie dann völlig durchschwitzt mit zerstörter Frisur und halb nackt sieht, so weiß er wenigstens gleich, was ihn erwartet. Spätestens beim Multivitaminsaft an der Bar werden Sie bestimmt jemanden kennenlernen. Ob es der Traummann ist, das bleibt dahingestellt. Aber üben können Sie! Flirten Sie, was das Zeug hält, damit Sie in Übung bleiben!

Das Ambiente in einem Supermarkt mit Neonlicht und zwischen Käse, Wurst und Waschmitteln ist zwar nicht so toll. Aber warum sollten Sie nicht auch dort jemanden kennenlernen können? Schließlich muss jeder Mensch etwas essen. Gehen Sie abends hin, da tummeln sich Single-Männer und Studenten am häufigsten in diesen Geschäften. Schauen Sie, was er im Einkaufswagen hat. Windeln, Gemüse, viel Obst und Süßigkeiten sprechen eher dafür, dass er gebunden ist. Bitten Sie einen für Sie attraktiven Mann, ob er das Kleingedruckte auf der Packung für Sie lesen oder ob er ihnen dabei helfen könnte, Lebensmittel von den oberen Regalen zu holen. Ein kurzes Ansprechen ist nötig, damit er seine Antennen auf Sie richtet. Den Rest erledigt sein Gehirn. Haben Sie erst einmal einen passenden Mann gesehen, ist die Wahrscheinlichkeit hoch, dass Sie ihn dort wieder einmal antreffen werden. Vielleicht klappt es ja beim zweiten Mal, nach dem abgedroschenen Motto "Kenn ich Sie nicht?"

Zunehmend an Bedeutung gewinnt das Internet als Kupplungsmedium. Sie können sich entweder im sozialen Netzwerk bewegen oder einer kosten-pflichtigen Singlebörse beitreten. Speziell für schüchterne Menschen ist dieser Weg sicher geeignet. Singlebörsen boomen – man möchte nicht glauben, wie viele Menschen sich dort anmelden und bereit sind, auch dafür ordentlich Geld zu lassen. Allein in Österreich gibt es insgesamt 1,5 Millionen Mitglieder. Wenn da nicht der passende Partner dabei ist! Es spricht auch nichts dagegen. Ein Computer sucht nach Übereinstimmungen und wählt die zueinander passenden Paare aus. Aus dieser Datenbank erhalten Sie dann Vorschläge mit Foto und Angaben über Alter, Größe, Gewicht, Wohnort, Charaktereigenschaften, Vorlieben usw. und können dann mit den Auserwählten online kommunizieren. Nachdem man sich ausgiebig ausgetauscht hat, folgt eventuell das persönliche Treffen. Eine seriöse Partnerbörse verlangt übrigens zwischen 10 und 80 Euro im Monat für ihre Dienste. Leider tummeln sich auf dem Markt aber auch einige schwarze Schafe. Die besten und am häufigsten kontaktierten Börsen in Österreich sind PARSHIP, FRIEND SCOUT 24, eDARLING, ElitePartner und ZOOSK. Natürlich bieten sich auch die sozialen Netzwerke wie Facebook oder Twitter sowie Chats für die Partneranbahnung an. Dabei kann man Gleichgesinnte finden, Freundschaften schließen und sich ausgiebig online austauschen. Ob es dann auch zu einem persönlichen Treffen und im letzten Schritt zu einer Partnerschaft kommt, ist natürlich verschieden. Selbstverständlich gibt es auch hier schwarze Schafe, da die Identität eines Users nicht überprüft werden kann. Hinter einem 25-jährigen schlanken, muskulösen, einsamen Single-Mann verbirgt sich in Wahrheit nicht selten ein 80-jähriger verheirateter, fetter Tattergreis, der kein Ingenieur, sondern einfach nur Rentner ist.

Was heute das Internet ist, war früher die Kontaktanzeige in der Zeitung, die es natürlich auch nach wie vor gibt. Aber auch hier versammeln sich Heiratsschwindler, Abzocker und andere zwielichtige Gestalten. Dennoch kenne ich tatsächlich ein Paar, das sich über eine solche Anzeige kennengelernt hat und das in weiterer Folge eine wirklich gute Ehe geführt hat.

Auch beim Shoppen kann man Männer kennenlernen, wenn die meisten auch eher im Schlepptau einer Frau aufkreuzen. Es wird Ihnen daher kaum erspart bleiben, auch einen Blick in die Herrenabteilung zu werfen. Sie werden dort durchaus auf ratlose Single-Männer treffen, die in viel zu engen Sakkos stecken, wobei ihnen die Verkäuferin eine tadellose Passform attestiert. Fragen Sie den jeweiligen Mann doch einfach nach seiner Größe, weil Sie angeblich etwas für Ihren Bruder suchen. Beim Einkaufen sind Sie jedenfalls entspannt und glücklich. Gibt es eine bessere Voraussetzung, um einen feschen Typen kennenzulernen? Keine Sorge: Sie brauchen nicht in den Baumarkt zu gehen, um Ihrem Traummann zu begegnen.

Trick 17: Legen Sie sich einen Hund zu. Kein Witz, der kleine (ausgeliehene oder eigene) Bello mit den großen Augen ist der beste Kuppler. Gehen Sie in die freie Natur oder in den Park: Scharenweise werden die Menschen stehenbleiben, um Ihren Liebling zu bewundern. Speziell mit anderen Hundebesitzern in Ihrer Umgebung werden Sie rasch ins Gespräch kommen und es wäre gelacht, wenn da nicht der eine oder andere Single-Mann darunter wäre. Wiederholung programmiert.

Die größte Trefferquote, wie wir gehört haben, gibt es aber im Freundes- oder Bekanntenkreis. Ob bei einer Hochzeit, einer Einweihungsfeier, einem Geburtstagsfest oder einer Skatrunde - überall lauern potenzielle Partner. Hier passiert es sogar am häufigsten, dass sich zwei Menschen näherkommen. Diese Art des Kennenlernens hat ja auch den größten Vorteil: Man kann sich den Mann aus der Nähe ansehen, sich ihm vorstellen lassen, ganz ungezwungen ein Gespräch mit ihm beginnen, hat man doch durch die Bekanntschaft ein gemeinsames Gesprächsthema. Haben Sie dann ein passendes Objekt der Begierde gefunden, so wird man Ihnen natürlich gerne über den betreffenden Herrn der Schöpfung Auskunft geben - einschließlich seiner Telefonnummer, wenn es sein muss. Der einzige Haken bei der Geschichte: Ihre Annäherung wird von Ihrer Umgebung nicht unbemerkt bleiben. Also, auch wenn Sie ein Partymuffel sind, sich oft als fünftes Rad am Wagen fühlen, aktuell keine gute Laune haben: Besuchen Sie Feste und Partys, was das Zeug hält! Hier ist Ihre Trefferquote am höchsten.

Höchste Anbandlungsalarmstufe herrscht auch in der Disco. Die Stimmung ist ausgelassen, die Atmosphäre entspannt und locker, die Lichter stimulieren, der Alkohol senkt die Hemmschwelle. Man kommt sich beim Tanzen recht nahe. Lediglich der Lärmpegel ist manchmal etwas hinderlich, um vertieft Gespräche zu führen. Kennenlernen ist hier simpel und das Abtauchen nach einer Abfuhr noch einfacher. Sie haben also nichts zu verlieren. Aber hingehen müssen Sie schon selbst. Der häufigste Grund, weshalb keine Beziehung zustande kommt, ist die Tatsache, dass sich viele Frauen zurückziehen. Sie scheuen die Öffentlichkeit, finden es nicht schick, allein ins Kino, Theater oder in ein Lokal zu gehen. Sie meiden Discos und Partys, weil sie sich gerade dort besonders einsam fühlen, wenn sie von glücklichen Paaren mit Kindern umgeben sind, die meist andere Interessen und Gesprächsthemen haben. Das Resultat ist, dass sie daheim schmollen, über ihr Schicksal klagen und ewig alleine bleiben. Von nichts kommt nämlich nichts!

Wie Männer flirten

Wie flirtet man eigentlich und wie flirten speziell wir Männer? Nun, jeder Flirt beginnt mit einem Lächeln und einem kurzen, tiefen Blick in die Augen. Dieser sollte nicht länger als drei oder vier Sekunden dauern, denn alles darüber hinaus wird als Anstarren empfunden und das mag niemand. Im nächsten Schritt präsentiert sich der Mann meistens von seiner besten Seite. Er richtet sich auf, streckt seine Brust heraus, ja manche Männer knöpfen sich sogar das Hemd auf. Im Prinzip ist das das archaische Überbleibsel aus grauer Vorzeit, als die Frau noch auf den starken, beschützenden Mann angewiesen war. Der Jäger will also seine Kraft zeigen. Dann zeigt er aber Verlegenheit: Er beginnt, mit Sachen herumzuspielen, markiert Nervosität. Er streicht sich durch das Haar, spielt mit dem Kuli oder dem Bierdeckel. Vielleicht ist ihm die Situation unangenehm oder er weiß einfach nicht so recht, wie es weitergehen soll. Jetzt sollten Sie ins Spiel kommen. Schauen Sie kurz weg, dann blicken Sie ihm wieder in die Augen. Wenn er den Blick erwidert, haben Sie gute Karten. Nun kommt die Phase der Annäherung: Im männlichen Wesen entsteht der Wunsch, dem weiblichen Gegenüber näherzukommen, und das ist eine gefährliche Phase. Männer gehen auf die jeweilige Frau zu und versuchen, sie in irgendeiner Weise anzufassen, sei es, dass sie ein Haar von ihrem Pulli zupfen, ihre Schulter beim Heben des Weinglases wie zufällig berühren oder ihre Hand ganz offensiv drücken. In dieser Situation zeigt der Mann, dass er kaum die Hände von seinem Objekt der Begierde lassen kann und daher versucht, in die weibliche Intimzone, also in einen Abstand von etwa vierzig Zentimetern, einzudringen. Nicht zu verwechseln ist diese Annäherung mit sexueller Belästigung, die wohl eindeutig ist und mit dem Beschriebenen nichts gemein hat, wenngleich die Übergänge manchmal fließend sein können. Schließlich senkt er devot den Oberkörper und die Pupillen vergrößern sich. Das ist ein Reflex und bekundet Aufmerksamkeit und Interesse. Versuchen Sie beim nächsten Mal, auf diese Symptome zu achten. Wenn Sie sie erkennen, sollten Sie zum Gegenangriff übergehen, falls Ihnen Ihr Gegenüber gefällt.

Wie erkennen wir Männer, ob eine Frau Interesse an uns hat? Frauen senden im Durchschnitt fünfmal so viele Flirtsignale wie Männer aus. Diese Geheimsprache verstehen nicht alle, aber die meisten. Wie schon gesagt: Wir Männer sehen den Frauen zuerst ins Gesicht. Ein Blickkontakt ist das Mindeste für einen erfolgreichen Flirt. Kurz, aber immer wieder. Hält die Frau den Kopf leicht zur Seite geneigt und präsentiert sie uns den Mund halb offen, ist das schon die halbe Miete. Jetzt heißt es:

ansprechen. Im Gespräch läuft die Frau in puncto Flirtsignale zur Höchstform auf. Spielen Sie mit Ihrer Halskette? Wenn frau im Sitzen die Beine übereinanderschlägt und mit dem einen Bein wippt, so zeugt das nicht von Unsicherheit, sondern von Interesse. Schaukelt sie noch mit dem Schuh auf den Zehen, so heißt das: Perfekt, weitermachen! Berührt sie dabei auch noch ihren Arm oder Nacken, so hat der Mann schon halb gewonnen. Diese autoerotischen Berührungen zeigen größte Zuneigung und Offenheit. Sind die Hände geöffnet, so signalisiert das: „Mach weiter so!" Sind die Arme jedoch verschränkt, so ist das eher als Ablehnung zu deuten. So wie auch beim Mann ist dafür das Spielen mit dem Salzstreuer oder der Serviette als positives Zeichen zu werten. Ebenso ist Zupfen an den Haaren oder das Drehen einer Haarsträhne ein Signal für „Ja ich will". Kommt es schlussendlich zu einer scheinbar unbeabsichtigten kurzen Berührung, so ist die Sache gelaufen. Hat der Mann dann den Mut, seine Auserwählte nach der Telefonnummer zu fragen, so gibt es zwei Möglichkeiten: Entweder sie gibt sie ihm - dann ist sie vermutlich eher eine Frau für eine Nacht. Oder sie lässt sich seine geben - dann möchte sie die Kontrolle behalten, was meist ein gutes Zeichen ist. Denn eine Frau, die wirkliches Interesse hat, lässt den Mann noch ein wenig zappeln, so wie einen Fisch im Wasser. Die Leine etwas los, dann wieder straff, bis der Fisch im Boot und damit gefangen ist.

Das Gespräch beim ersten Date

Es wird wohl niemand bezweifeln, dass die Unterhaltung, die man beim ersten Date führt, maßgeblich für den Verlauf des Weiteren Zusammenbleibens ist. Doch gerade hier werden die meisten Fehler gemacht. Dabei kann alles zerstört werden oder es kann der Beginn einer wunderbaren Beziehung sein.

Beide wollen sich natürlich von ihrer besten Seite zeigen und das ist ja auch legitim. Von uns Männern wird erwartet, dass wir Selbstbewusstsein signalisieren. Eine Frau will zu uns aufschauen können, sich an uns anlehnen und uns vertrauen können. Außerdem erwartet sie Humor und das nicht zu wenig. Ein kluger Mann wird daher nie ganz ernst bleiben, etwas spitzbübisch sein und die Frau vielleicht auch ein bisschen hochnehmen. Das entkrampft die Situation. Aber alles mit Maß und Ziel. Nervig sind Männer, die stundenlang über sich labern, erzählen, was sie alles für tolle Sachen gemacht und erlebt haben. Aber auch die anderen, die im Selbstmitleid zerfließen, indem sie fast weinend über ihre furchtbare Vergangenheit berichten, sind wenig begehrenswert. Der kluge Mann signalisiert seiner Traumfrau: „Ich bin anders als alle anderen!" Er würde vielleicht sagen: „Es gibt Typen, die sagen, Du hast schöne Augen, schauen Dir dabei aber auf die Brüste. Ich bin anders, ich schaue

Dir in die Augen und sage Dir, Du hast tolle Brüste!"

Wichtig ist auch das Gesprächsthema. So wird ein cleverer Mann nicht über Fußball, Autos und Politik, sondern über das reden, was auch weibliche Wesen interessiert. Sex sollte aber beim ersten Treffen (noch) tabu sein. Ein wichtiger Punkt ist die Romantik, die sich viele Frauen wünschen und die ein kluger Typ zum Vorschein bringen sollte. Nun kommen Sie als Frau ins Spiel. Sie haben dem Mann am Anfang die Gesprächsführung und Themenauswahl überlassen, nun müssen Sie ihren Part erfüllen. Geben Sie sich so natürlich wie möglich. Seien Sie ehrlich und locker. Zeigen Sie Ihr Wesen, Ihren Charme und Ihre persönliche Art des Humors. Sie müssen sich nicht so aufplustern wie der Mann. Sie sind hoffentlich nur leicht geschminkt und adrett gekleidet zur Verabredung erschienen, sind pünktlich gekommen und trinken nicht zu viel Alkohol. Hören Sie Ihrem Gesprächspartner aufmerksam zu, dann stellen Sie ihm gezielte Fragen. Dieser Wissendurst sollte ehrlich gemeint sein. Signalisieren Sie Ihrem Date, dass Sie mehr von ihm wissen möchten. Erzählen Sie ihm aus Ihrem Leben, von Ihrer Arbeit und auch von Ihrem Privatleben. Fallen Sie aber bloß nicht mit der Tür ins Haus! Heiratsplanung, Kinderwunsch, Hausbau und gemeinsame Wohnung – Tabuthemen in der ersten Phase.

Für den Small-Talk ist es am Anfang immer gut, über das Wetter zu reden, dann könnte man auf Hobbys zu sprechen kommen: „Was machen Sie gerne in Ihrer Freizeit? Lieben Sie Reisen, Fotografieren, Lesen, Kochen, gehen Sie gerne in die freie Natur? Betreiben Sie Sport? Auch Kino, Fernsehen, Musik sind gute Einstiegsthemen, bis man dann auf Beruf und Karriere zu sprechen kommt. Was machen Sie beruflich? Macht Ihnen Ihr Beruf Spaß? Was haben Sie gelernt? Was wäre ihr Traumberuf?" Gehen Sie es ganz locker an. Je natürlicher Sie sich geben, desto mehr werden Sie Ihr Gegenüber beeindrucken. Vergessen Sie aber dabei eines nicht: ehrliche Komplimente zu streuen. Ein Mann braucht sie noch mehr als Sie. Sie sind seine Luft zum Atmen. Schon ein „Gut siehst Du aus" oder „In Deinem tollen Mantel warst Du ganz leicht zu erkennen" bei der Begrüßung wirken da Wunder. Sie werden doch sicher seine Hände ansehen? Sage Sie es ihm, wenn Sie sie schön finden! Mir hat einmal eine Frau gesagt, dass ihr mein Bierbäuchlein gefällt und das war sichtlich ernst gemeint. „Ich mag etwas festere, große Männer, die etwas darstellen" war ihre Begründung, und wirklich: Wir wurden ein Paar.

Im Laufe des Abends wird die Unterhaltung womöglich etwas tiefsinniger werden und vielleicht wird Ihnen der Mann sogar das Du-Wort anbieten. Die Rechnung wird heute getrennt bezahlt, es sei denn, Sie sind extra eingeladen worden. Lassen Sie sich anschließend von Ihrem Begleiter nachhause begleiten. Dort ist ein zärtlicher Kuss auf die Wange erlaubt, aber nicht mehr. Keine Umarmung, keine sonstige Berührung, denn das könnte falsch interpretiert werden. Laden Sie Ihren möglichen zukünftigen Partner nicht noch auf einen abschließenden Kaffee in Ihre Wohnung ein. Verabreden Sie sich nicht gleich für das nächste Mal. Man muss den Mann zappeln lassen! Vereinbaren Sie jedoch, wenn er Ihnen sympathisch ist, dass sie ihn am nächsten Tag anrufen. Das ist besser als umgekehrt, da Männer diesbezüglich oft Telefonmuffel sind und die Frauen oft tagelang auf den Anruf warten müssen.

Woran denken Frau und Mann beim ersten Date? Wenn man der Befragung einer deutschen Singlebörse glaubt, die insgesamt 1400 Singles befragt hat, so denken 70 Prozent der Frauen dabei an heiße Nächte, nur 30 Prozent suchen den Vater ihres Kindes. Umgekehrt denken nur 60 Prozent der Männer an wilde erotische Abenteuer und der Rest sucht nach einer Mutter für mögliche Nachkommen. Wurde da geschummelt?

Nach dem ersten Date:
Wie geht es weiter?

Susanne hatte vor einer Woche ein erstes Date mit einem neuen Mann. Aus ihrer Sicht lief alles wie am Schnürchen, ja vielleicht hat man ein bisschen zu viel getrunken, aber alles blieb im Rahmen. Ernst hat ihr wirklich sehr gut gefallen und hat ihr Lust auf mehr gemacht. Sie könnte sich gut vorstellen, mit ihm eine Beziehung einzugehen, zumindest hat sie schon in ihrer Fantasie weitergedacht und sich schöne Stunden mit ihm ausgemalt. Sie rief ihn wie vereinbart am Folgetag an und bedankte sich für den wunderschönen Abend. Man wollte sich wieder treffen. Man kam überein, dass sie Ernst, sobald es ihm der Beruf erlauben würde, wieder anrufen werde, um sich zu einem Abendessen zu verabreden. Zwei lange Wochen sind seither vergangen – und kein Anruf von Ernst. Wie oft war sie schon nahe daran, seine Nummer zu wählen, aber ihr Stolz hat sie daran gehindert. Warum hat sich Ernst nicht gemeldet?

Nun, die Sache ist ganz einfach: Es hat bei Ernst nicht gefunkt. Susanne hatte ihm zu stark ihre Sympathie gezeigt. Im Rausche des Abends hat sie sich zu Äußerungen hinreißen lassen, die Ernst bedenklich stimmten: „Ich möchte so bald wie möglich eine Familie gründen. Drei, ja vier Kinder wären mir am liebsten. Mir fehlt nichts so sehr wie ein Mann, der in der Früh neben mir aufwacht. Eine Beziehung, in der man getrennt wohnt, kann ich mir nicht vorstellen". Ernst fühlte sich bedrängt und überrumpelt. Der Kuss von Susanne zum Abschied gab ihm den Rest.

Wenn Männer keine Beziehung eingehen wollen oder aus einer bestehenden Partnerschaft flüchten, so hat das zwei Gründe: Entweder sie fühlen sich bedrängt, wie in diesem Fall, oder eine andere Frau ist im Spiel - oder gar beides. Die Kartoffel wurde Ernst zu heiß. Der Funke ist deshalb nicht übergesprungen, sondern er ist rechtzeitig abgesprungen oder - besser gesagt - gar nicht erst angesprungen.

Die meisten Männer bringen es aber nicht fertig, das in Worte zu fassen. Sie melden sich also überhaupt nicht mehr oder sie verwenden Ausreden wie „Ich bin noch nicht soweit. Lass mir noch etwas Zeit! Ich liebe meine Ex offensichtlich immer noch" und andere dämlichen Sprüche sind die Folge. Wenn man die erste Nacht überschlafen hat und am nächsten Morgen merkt, dass es nicht geklappt hat, so sollte man auch den Mut aufbringen, das ehrlich zu sagen: „Es tut mir leid, wir hatten einen wunderschönen Abend, aber der Funke ist nicht übergesprungen. Wir können aber Freunde werden, wenn Du willst". Obwohl: Das mit der Freundschaft zwischen Mann und Frau, das ist eine andere Sache ...

Wie geht unsere Geschichte weiter? Am Abend trifft Susanne Ernst im Zirkus mit zwei Kindern und einer hübschen Frau. In diesem Fall war es eben ein Doppel-Checkpot.

Bei Anna und Heinz liegt der Fall anders. Sie haben beide Schmetterlinge im Bauch und wollen sich wieder treffen. Aber sie gehen es sachte an. In den ersten Tagen telefonieren sie regelmäßig und lang, ihre Gespräche werden immer intensiver und vertiefen sich. Mehrere SMS wechseln am Tag den Besitzer mit immer intensiveren Liebesbezeugungen, E-Mails werden ausgetauscht und immer öfter trifft man sich im Kino, Theater, im Park oder einfach in einem Café. Doch Heinz geht es bewusst vorsichtig an und das ist auch klug so. Wir Männer neigen dazu, schnell zur Sache zu kommen. Unser Sexualtrieb drängt uns, möglichst rasch für Nachkommenschaft zu sorgen - und der muss gebremst werden. Andererseits ist einem verliebten Mann natürlich auch klar, dass er seiner Liebsten Zeit geben muss, da sich die meisten Frauen, die verliebt sind, den neuen Mann erst genauer ansehen und ihn auf Herz und Nieren prüfen wollen, bevor sie sich sexuell auf ihn einlassen. Ein intelligenter Mann weiß, dass er nicht klammern sollte und am Anfang noch keine großen Zukunftspläne schmieden darf. Man muss jede Gelegenheit nutzen, um sich besser kennenzulernen - auch die Schwächen und Sorgen des anderen, die Familie, seine Werte und Ansichten -, um nach und nach herauszufinden, ob man zueinander passt.

In den Fängen des Testosterons

Sind wir Männer wirklich penisgesteuerte Testosteronmonster? Können wir uns in vielen Situationen nicht anders verhalten, weil der Sexualtrieb zu stark ist? Sind unsere Hormone schuld daran, dass Frauen vergewaltigt, Kinder geschändet und aggressive Verbrechen begangen werden? Hat der Mann auch einen Zyklus, gibt es die männlichen Wechseljahre wirklich? Alles Fragen, die hier beantwortet werden sollen.

Fakt ist, dass das Testosteron *das* männliche Sexualhormon ist und den Mann erst zum Mann macht. Es wird zu 95 Prozent im Hoden und nur zu 5 Prozent in der Nebennierenrinde produziert. Auch bei Frauen wird dasselbe Hormon in geringer Konzentration in den Eierstöcken und der Nebennierenrinde gebildet. Das Testosteron hat Auswirkungen auf den Körper und die Psyche. Es ist für die Ausbildung der männlichen Körpermerkmale verantwortlich. Während der Pubertät fördert es das Wachstum von Penis und Hoden, steuert die Erektion und ist für die Produktion der Spermien und der Körperbehaarung verantwortlich. Auch der Kehlkopf vergrößert sich dadurch und die Stimme wird tiefer. Zudem vermehrt sich die Muskulatur in bestimmten Körperregionen und wird kräftiger. Außerdem hat es noch Auswirkungen auf die Haut,

37

die Leber, die Nieren und vor allem auf das Gehirn. Hier ist es für den Geschlechtstrieb verantwortlich, steigert die Lust auf Sex (Libido) und die Lebenslust allgemein. Darüber hinaus erhöht das Hormon auch den Antrieb und das aggressive Verhalten. Je mehr Testosteron, desto dominanter und stolzer ist der Mann. Ob ein erhöhter Testosteronspiegel für eine Gewaltbereitschaft verantwortlich ist, wird heute von Wissenschaftlern angezweifelt. Es sind zwar hauptsächlich Männer, die gewaltbereit und gewalttätig sind und Kriege führen, aber das darf man sicher nicht dem Hormon zuschreiben. Dafür sind andere Veränderungen im Gehirn zuständig. Auch die Sexualstraftaten hängen nicht von der Höhe des Testosteronspiegels ab. Tatsache ist aber, dass sich der Geschlechtstrieb, wenn man Sexualstraftäter chemisch kastriert, also ihnen Injektionen verabreicht, die den Testosteronspiegel senken, vermindert und die Wiederholungsgefahr sinkt. In vielen Ländern - so auch in Österreich und Deutschland - ist die chemische Kastration bei Straftätern mit abnormem Sexualtrieb allerdings nur auf Antrag des Täters selbst möglich. In einigen wenigen Ländern wie Polen und Mazedonien ist sie in speziellen Fällen sogar obligatorisch.

Die Höhe des Testosteronspiegels schwankt. In der Jugend ist viel von diesem Hormon vorhanden und der Sexualtrieb groß. Jedoch schon ab dem 20. Lebensjahr beginnt er langsam zu sinken. Das führt zu einer in den ersten Jahren kaum merkbaren Verringerung der Libido und einem Nachlassen der Muskelkraft. Es ist tatsächlich so: Von nun an geht es bergab. Anfangs sanft, dann immer rasanter. Freilich gibt es deutliche genetisch bedingte individuelle Unterschiede, und viele Männer haben noch bis ins Höchstalter einen starken Geschlechtstrieb und sind zeugungsfähig. Ja, die Wechseljahre des Mannes (Andropause) gibt es tatsächlich. Diese beginnt zwischen dem 50. Und dem 55. Lebensjahr. Es kommt zu einer Hormonumstellung. Der Testosteronspiegel erreicht eine niedrigere Stufe, aber auch andere Hormone wie das Östrogen oder HGH sind dann vermindert im Blut zu messen.

Die Folgen sind rasche Ermüdung, Nervosität, Unruhe, Reizbarkeit, vermindertes sexuelle Verlangen, Depressionen, Erektionsprobleme, Herzbeschwerden, vermehrtes Schwitzen, Rückenschmerzen (Osteoporose), Haarausfall, Trockenheit der Schleimhäute (z. B. bei den Augen) und Zunahme der Fettmasse. Der Mann beginnt den Sinn des Lebens zu hinterfragen, ist verzagt und sieht sich nach deutlich jüngeren Frauen um. Manche Männer haben kaum Symptome, bei anderen sind sie ausgeprägt. Heute spricht man auch von der so genannten Midlife-Crisis.

Kann man nun selbst etwas dazu beitragen, den Testosteronspiegel zu erhöhen? Ja, man kann.

Wichtig ist es unter anderem ein reges Sexualleben zu haben. Die Genitalien sind Organe, die trainiert werden müssen, nach dem Motto: „Use it or lose it". Jede Ejakulation erhöht den Testosteronspiegel. Auch eine Lebensstiländerung ist ganz wichtig: regelmäßiges Ausdauertraining, moderates Krafttraining - jegliche Bewegung erhöht den Hormonspiegel. Die Ernährung sollte eiweißreich und süßigkeitsarm sein. Man sollte möglichst keinen Alkohol trinken, denn dieser vernichtet das Testosteron, indem er es in Östrogene umwandelt; täglich kleine Dosen sind dabei übrigens am schlechtesten. Zumindest vier Tage pro Woche sollten alkoholfrei sein. Sehr wichtig ist auch der Stressabbau. Hektik ist das Gegenteil von Erotik. Das dabei freigesetzte Cortisol vernichtet das Testosteron. Wer nicht abschalten kann, der verliert oft seine Sexualität, sagt Professor Pfau.

Wenn diese Maßnahmen nicht reichen, Beschwerden vorliegen und ein eindeutiger Testosteronmangel festgestellt wird, kann man das Hormon auch per Spritze oder Gel substituieren. Das sollte man aber nur in Absprache mit einem Andrologen (Männerarzt) machen. Man schätzt, dass 50 Prozent der 50-Jährigen, 60 Prozent der 60-Jährigen und 70 Prozent der 70- Jährigen einen behandlungsbedürftigen Testosteronmangel haben. Mit 75 Jahren erreicht der Spiegel schließlich seinen Tiefststand. Dass eine Testosteronsubstitution Prostatakrebs verursachen kann, ist längst vom Tisch, allerdings kann es das Wachstum eines bereits bestehenden Karzinoms beschleunigen. Daher ist der Prostata eine vermehrte Aufmerksamkeit zu widmen, indem man alle drei Monate den PSA-Spiegel misst. Als weitere Nebenwirkung können durch die Behandlung die Hoden schrumpfen - das ist durch eine Rückkoppelung über das Gehirn bedingt.

Verabreicht man Frauen das Hormon, so kommt es zu einem gesteigerten Sexualtrieb (speziell zur Selbstbefriedigung), zu einer vermehrten Körper- und Schamhaarbehaarung (Hirsutismus), zum Bartwuchs, zu einer Akne-Neigung, zu Haarausfall, zu einer Vertiefung der Stimmlage und zu einer Vergrößerung der Klitoris (Kitzler). Eine Substitution von Testosteron bei Frauen wird nur in Ausnahmefällen empfohlen, speziell wenn der Sexualtrieb stark vermindert ist und deshalb ein starker Leidensdruck besteht. Der Testosteronspiegel kann im Blut oder durch einen Speicheltest gemessen werden, was sich auf ungefähr 20 bis 30 Euro beläuft. Die Kosten der Hormonsubstitution beim Mann übernimmt die Krankenkasse nur bei nachgewiesenen Hypogonadismus (verminderte Produktion des Testosterons in den Keimdrüsen). Der Popstar Robbie Williams hat sich kürzlich geoutet: „Ja ich spritze mir Testosteron, denn ich hatte den Testosteronspiegel eines 100-Jährigen. Seither fühle ich mich wie ein junger Stier".

Die Sexualität des Mannes

Der Mann erlebt Sexualität ganz anders als die Frau. Stimmt das wirklich? In der Tat gibt es große Unterschiede.

Männer sind stark triebgesteuert. Ihre Hauptintention ist es, den Geschlechtsverkehr zu vollziehen, um Kinder zu zeugen. Daran führt kein Weg vorbei. Das liegt in unseren Genen und wird seit Jahrhunderten vererbt. Das Testosteron ist dafür hauptverantwortlich. Wer etwas anderes behauptet, der sieht die Realität nicht. Was man(n) allerdings aus seinem Trieb macht, ist eine andere Geschichte. Ihn in richtige Bahnen zu leiten, ihn zu unterdrücken oder ihm freien Lauf zu lassen - dafür haben wir unseren Verstand und unsere Hemmzentren im Gehirn. Da spielen auch die Erziehung und der Kulturkreis, aus dem wir kommen, eine große Rolle. Die Libido ist in der Regel bei Männern stärker ausgeprägt als bei Frauen, es kann aber durchaus auch einmal umgekehrt sein. Der Trieb ist von Mann zu Mann unterschiedlich. Als sexsüchtig gilt derjenige mit einer stark erhöhten Libido. Ein verminderter Sexualtrieb kann durch Stress, anlagebedingt oder durch Krankheiten verursacht sein. Leberzirrhose durch Alkohol, Magersucht oder Depression sowie gewisse Medikamente gelten aus Hauptgründe hierfür. Natürlich sind dafür auch Beziehungsprobleme ursächlich. Die Libido äußerst sich in der Pubertät erstmals mit dem Bedürfnis nach Sex mit Mädchen oder Burschen, dem Trieb nach Selbstbefriedigung, nach sexuelle Fantasien und dem Interesse an erotischen Geschichten und Pornografie. Der Anteil der masturbierenden Männer liegt bei 94 Prozent, bei Frauen sind es 80 Prozent. Männer masturbieren im Durchschnitt mit zwölf Jahren zum ersten Mal und dann mindestens zweimal in der Woche, manche sogar täglich. Die Selbstbefriedigung dient oft zum Frustabbau und wird auch bei Stress durchgeführt. Nicht einmal ein glückliches Sexualleben mit seiner Partnerin hindert den Mann daran, sich selbst zu befriedigen. Meist wird eine pornografische Vorlage dazu verwendet, denn wir Männer sind in puncto Sex stärker optisch orientiert als Frauen. 80 Prozent der Männer und nur 28 Prozent der Frauen sehen sich regelmäßig Pornos an. Es gibt drei Millionen pornografische Websites im Internet, wobei 89 Prozent aus den USA stammen. Außerdem ist bei Männern der Sex stärker genitalbezogen: Das bloße Betrachten von kopulierenden Sexualorganen bewirkt einen extremen sexuellen Reiz, während Frauen in der Sexualität eher ganzheitlich orientiert sind. Das spielt auch im sexuellen Zusammensein zwischen Mann und Frau eine große Rolle: Männer sind penisbezogen. Alleine das Anfassen ihrer Genitalien durch die Partnerin genügt, um sie in höchste sexuelle Erregung zu bringen, während bei Frauen die erogenen Zonen über den ganzen Körper verteilt sind. Das führt zwangsläufig zu Diskrepanzen beim Geschlechtsverkehr: Männer berühren Frauen oft viel zu früh in der Intimzone, weil sie es von sich so gewohnt sind. Das Vorspiel kommt so zu kurz. Erschwerend kann hinzukommen, dass Frauen eine viel flacherer sexuelle Erregungskurve haben. Besonders junge Männer sind schnell sexuell erregt, haben eine Erektion und den Drang, in die Frau einzudringen. Hier muss sich der Mann beherrschen, ganzheitlich zärtlich sein und das Vorspiel verlängern. Die rasche sexuelle Erregbarkeit beim Mann kann sich auch als vorzeitiger Samenerguss (Ejakulatio praecox) äußern. Hier kommt es innerhalb einer Minute nach Eindringen des Penis in die Vagina zum Samenerguss, was Frauen nicht gerade jubeln lässt. Diese Störung kann heute gut medikamentöse durch so genannte Serotonin-Wiederaufnahmehemmer (SSRI) behandelt werden. Männer lieben in der Regel ein Stellungsspiel beim Geschlechtsverkehr. Insbesondere der Oralverkehr (Fellatio) verschafft ihnen höchste Lust. Wird er bei der Frau durchgeführt, so nennt man das Cunnilingus. Auch diese Sexualpraktik bringt nicht nur die Frau in den siebten Himmel. Analverkehr ist Geschmacksache, wird aber häufig bei ungefähr 25 Prozent der Paare praktiziert, wobei 55 Prozent der Frauen diese Sexualpraktik ablehnen. Die 69er-Stellung, also die Position, bei der sich Mann und Frau gleichzeitig oral stimulieren, ist wohl die intimste aller Positionen, obwohl es hier nicht zum

Geschlechtsverkehr kommt. Diese Praktik ist angeblich in der höheren Bildungsschicht sehr beliebt. Männer lieben nicht selten die ausgefallensten Sexualpraktiken. Hier ist beispielsweise der Fetischismus zu nennen. Darunter versteht die Sexualmedizin eine sexuelle Erregung durch Kleidungsgegenstände (Schuhe, Stiefel, Latex, Gummi, Leder, Unterwäsche), gewisse Körperregionen (Brüste, Hals, vermehrte Körperbehaarung, Füße) oder sonstige Accessoires. Diese Gegenstände werden beim Sexualverkehr oder bei der Selbstbefriedigung miteinbezogen und verschaffen dem Mann höchste Lust. Auch Sado-Maso-Spielchen sind bei manchen Männern beliebt. Da sich die wenigsten trauen, diese Sexualpraktiken bei ihren Partnerinnen anzuwenden, suchen viele Prostituierte auf, die sich darauf spezialisiert haben.

Nicht zu vergessen sind auch die sexuellen Fantasien, die beim Geschlechtsverkehr dazu beitragen, die Lust zu erhöhen. Diesem Thema widme ich später ein eigenes Kapitel.

Nun zum Orgasmus. Nur rund drei Prozent der Paare schaffen es, gleichzeitig zu kommen. Da Frauen eine flachere Erregungskurve haben, brauchen sie einen Vorsprung. Im Durchschnitt sind wir Männer zehn Minuten schneller unterwegs als die Frauen. Daher, Ihr Frauen: Hände weg vom Penis! Zumindest anfangs. Denn wenn es richtig zur Sache geht, sollten beide auf dem gleichen Stand sein. Frauen brauchen daher oft eine zusätzliche Stimulation ihrer Klitoris. Sei uns durch ihre eigene Hand, durch den Partner oder durch so genannte Sex-Toys. Wenn er zu schnell ist, hilft oft eine kleine Pause. Wenn die Frau auf dem Mann reitet, kann sie ihren Orgasmus meist besser steuern und ein Gleitgel wirkt häufig Wunder: Der Mann wird weniger stimuliert und für die Frau ist es angenehmer. Will man den Partner zum Orgasmus peitschen, so hat sich das "Dirty Talking" bewährt. Man wirft sich schmutzige Worte an den Kopf und der Zug fährt dann schneller ab. Jedenfalls ist für uns Männer der Sexualakt oft Schwerstarbeit, wenn wir unsere Partnerin zum Höhepunkt bringen wollen. Gleichzeitig zu kommen ist gut, aber wenn die Frau ihren Orgasmus früher hat, ist es mindestens genauso gut. Kommt der Mann regelmäßig zum Orgasmus? In der Regel ja. Bei Frauen sind es nur 60 Prozent der Italienerinnen, 43 Prozent der Deutschen und nur mickrige 19 Prozent der Koreanerinnen, die regelmäßig einen Orgasmus haben. Fake-Orgasmen, also vorgetäuschte, sind bei Frauen wohl keine Seltenheit, wenn sie Ruhe haben und das Ego des Mannes nicht enttäuschen wollen. Männer tun sich da schwerer: Woher sollten sie das Sperma nehmen? Es gibt bei Männern allerdings die so genannte retrograde Ejakulation, bei der beim Orgasmus der Samen nicht vorne bei der Harnröhre herausgepumpt wird, sondern eben retrograd nach hinten in die Harnblase gelangt. Das findet nach Prostataoperationen statt oder wird durch bestimmte Medikamente bewirkt. Während Frauen in der Regel mehrere Orgasmen hintereinander haben können, sieht es bei uns Männern trauriger aus: Nach dem Samenerguss sinkt die Lust auf annähernd null und die Erektion verabschiedet sich. Erst nach einer gewissen Latenzzeit, die sich in den Jugendjahren kürzer gestaltet, ist eine neuerliche Erektion möglich.

Bei den meisten Männern bleibt es allerdings bei dem einen Mal alá „Der Moor hat seine Pflicht getan, der Moor kann wieder gehen!" Eine sagenhaft Müdigkeit danach erfasst nicht gerade wenige Männer: Nach dem Stöhnen folgt das Schnarchen. 60 Prozent der Männer schlafen nach dem Sex gleich ein. Seien Sie froh, wenn Ihr Partner nicht zu diesem Prozentsatz zählt, wird doch diese Eigenschaft von den meisten Frauen, die sich nach postcoitalen Streicheleinheiten sehnen, als der größter Abtörner nach dem Sex bezeichnet. Warum das so ist? Nun, Männer verbrauchen durch ihre Muskelmasse beim Sex viel Kraft, ihr Blutzuckerspiegel fällt schlagartig in den Keller, eine komplette Entspannung macht sich breit, außerdem werden nach dem Sex allerlei Hormone ausgeschüttet. Grundsätzlich haben Männer definitiv kein Interesse an einem Nachspiel. In einer groß angelegten amerikanischen Studie wurden Probanden befragt, was ihnen am liebsten ist: das Vorspiel, der Akt an sich oder das Nachspiel. Während die meisten Frauen das Vorspiel oder Nachspiel wählten, war es bei den Männern vorwiegend der Akt selbst. Kein einziger Mann hat sich für das Nachspiel entschieden. So ist es nun einmal. Wenn Sie also einen Partner haben, der auch nachher noch zärtlich zu Ihnen ist, so schätzen Sie das! Das zeugt von großer Liebe und Verständnis für die Weiblichkeit. Warum sich die wenigsten Männer nach dem Sex duschen? Ganz einfach, weil sie zu müde dazu sind.

Der Penis, des Mannes bestes Stück

Für viele Frauen ist der Penis ein wahres Mysterium. Entdecken Sie jetzt nützliche Informationen über ihn, damit Sie ihn besser in den Griff bekommen!

Da ist einmal die Größe: Es gibt kaum einen jungen Mann, der nicht besorgt ist, sein Penis könnte zu klein sein. Bereits in der Pubertät wird gemessen, was das Zeug hält. Maßstäbe werden herumgereicht, Penisse unter der Dusche verglichen. Auch den erwachsenen Männern geht es nicht anders. Verunsichert durch die Pornopenisse von 20 Zentimetern Länge und mehr wird verglichen und gemessen. Auf der Toilette blinkt man zum Nachbarn. Gott sei Dank, der ist ja auch so klein! Dabei hat die Größe im erschlafften Zustand überhaupt nichts zu sagen. Sie variiert je nach Tageszeit und Außentemperatur zwischen sieben und zehn Zentimetern bei einem Durchmesser von ungefähr drei Zentimetern. Es gibt Fleischpenisse (20 Prozent der Männer haben einen solchen), die schon im erschlafften Zustand relativ groß sind und bei der Erektion nur unwesentlich größer werden. Und es gibt Blutpenisse (bei 80 Prozent der Männer), die im erschlafften Zustand relativ klein sind und erst bei der Erektion zur vollen Pracht anschwellen. Warum gibt es diesen Unterschied? Das ist ein Schutzmechanismus der Natur und genetisch angeboren: In kälteren Regionen ist der Penis geschrumpft, um ihn vor der Kälte zu schützen. Wir Männer kennen dieses Phänomen, wenn wir aus dem kalten Wasser steigen. In wärmeren Regionen, beispielsweise bei Schwarzafrikanern, ist dieser Mechanismus nicht nötig; das führt dazu, dass der Penis bloß hängt, bei der Erektion zwar steht, sich aber nicht vergrößert. Der erigierte Durchschnittspenis hat eine Länge von 10 bis 19 Zentimetern mit einem Durchmesser von 3 bis 5 Zentimetern an der Basis. Bei einer Uni-Studie in Essen betrug die Durchschnittsgröße 14,5, bei einer englischen Studie 13,5 Zentimeter. Allein dass so viel gemessen wurde, zeigt, wie besorgt man(n) über dieses Thema ist.

Natürlich gibt es ethnische Unterschiede. Schwarzafrikaner haben wirklich die größten und Asiaten die kleinsten (ungefähr 1,5 Zentimeter unter dem Durchschnitt) Penisse. Übrigens: Nur 17 Prozent der Männer sind mit ihrem Penis zufrieden. Jeder zweite Mann ist überzeugt davon, dass sein bestes Stück zu klein ist. Nun ist es ja wirklich so, dass der Penis mit zunehmenden Alter vor allem von oben kleiner erscheint. Er schrumpft etwas und versteckt sich unter der Fettschürze. Männer haben dann Komplexe, scheuen die Sauna, den FKK-Bereich oder Gemeinschaftsduschen. Ja selbst Scham vor der Partnerin kommt vor - das kann bis zur Impotenz führen. Dabei ist der

Schwanz das Statussymbol des Mannes und es kratzt mächtig an seinem Ego, wenn er klein ist. Sagen Sie einem Mann daher nie, dass er einen kleinen Penis hat. Das würde ihm den Rest geben. Im Gegenteil: Loben Sie seinen Schwanz und seine Potenz und Sie werden es beim nächsten Sex nicht bereuen. Warum kaufen sich so viele Männer teure Autos, Motorräder und Yachten? Genau, Sie haben es erraten: Es geht hierbei um Statussymbole. Kann man sein Glied vergrößern? Eigentlich nicht, außer durch eine Operation. Andere Methoden, die im Internet kursieren, sind Humbug. Man kann in optisch etwas aufmöbeln, indem man gehörig abnimmt und sich die Schamhaare rasiert. Die meisten Männer rasieren sich im Intimbereich, damit ihr Schwanz länger aussieht. Funktioniert ja auch. Ein kleiner, vor allem in der Homosexuellenszene verwendeter Trick ist das Besprühen des besten Stücks mit Nitrospray. Das vergrößert für eine kurze Zeit. Bleibt noch die Frage, ob die Größe und Länge des Glieds für eine Frau wichtig ist: Does size matter? Die Aussage, es komme nicht auf die Größe an, sondern auf die Technik, ist ein Märchen. Natürlich spielt die Größe für die Frau eine Rolle. 90 Prozent der Frauen sagen: „Ja, die Größe ist wichtig!", wobei sich die meisten eine Idealgröße zwischen 18,5 und 21,5 Zentimetern wünschen. Da sieht der Durchschnittsmann mit 14,5 Zentimetern schön traurig aus. Gerade ein Schwarzafrikaner kann da noch mithalten.

Anatomisch besteht der Penis aus drei Schwellkörpern und der Eichel. Diese Teile werden während der Erektion vermehrt mit Blut gefüllt, sodass der Schwanz steht. Die Eichel, die Vorhaut und das Vorhautbändchen (Frenulum) sind die empfindlichsten Stellen. Hier geht bei Berührung die Post ab. Natürlich sind auch die Hoden und der Analbereich besonders berührungssensibel.

Eine normale Libido (Geschlechtstrieb) ist nicht unbedingt gleichbedeutend mit erfolgreicher Erektion. Ein Mann kann wollen, aber nicht können. Man spricht dann von erektiler Dysfunktion (Impotenz). Das ist für einen Mann eine noch größere Katastrophe als einen kleinen Schwanz zu haben. Eine Erektion wird normalerweise durch das Erektionszentrum im unteren Rückenmark bei sexueller Erregung ausgelöst. Aber auch direkte mechanische Reizung von Penis und Hoden kann dazu führen. Für die sexuelle Erregung sind wiederum sexuelle Vorstellungen und Fantasien verantwortlich. Es kommt aber auch nachts im Schlaf zu stundenlangen Spontanerektionen, ohne dass dabei sexuelle Träume stattfinden. Diese Erektionen sorgen für eine gute Durchblutung der Schwellkörper. Der Penis trainiert. Treten nächtliche sexuelle Träume auf, so kann es dabei schon einmal zu spontanen Samenergüssen (Pollutionen) kommen. Auch morgens besteht meist eine Spontanerektion („Morgenlatte") - zu dieser Zeit ist auch der Testosteronspiegel am höchstem. Die Morgenstunden wären also die ideale Zeit für den Kuschelsex. Der genaue Ablauf der Erektion ist ein komplizierter Vorgang. Im Prinzip wird vermehr Blut in die Schwellkörper hineingepumpt und der venöse Abfluss behindert. Der Penis kann unterschiedlich steif sein: von halbsteif bis extrem hart.

Eva und Hans kennen sich seit sechs Wochen. Es war Liebe auf den ersten Blick. Eva ist 35 und Hans 40 Jahre alt. Sie schweben im siebten Himmel. Sie hatten bis jetzt sexuellen Kontakt in Form von intensiven Küssen und Petting, zum Geschlechtsverkehr ist es bisher aber noch nicht gekommen. Das soll sich am Samstag ändern. Für diesen Abend sind ein Opernbesuch und anschießend ein Abendessen geplant. Die Nacht danach wollen sie gemeinsam in seiner Wohnung verbringen und es ist beiden klar, dass es diesmal geschehen soll. Sie freuen sich darauf, aber Hans hat Angst. Obwohl es mit den Frauen immer tadellos geklappt hat und er auch bei der Selbstbefriedigung keine Probleme hatte, so gab es doch dreimal in seinem Leben das Problem, dass sein Penis nicht so richtig steif wurde. „Das darf diesmal nicht geschehen", denkt er sich. „Ich will meine Eva keinesfalls enttäuschen." Dieser Gedanken nagt an ihm. Je näher der Samstag kommt, desto größer wird seine

Unbehaglichkeit. Er kann sich dieses Phänomen selbst nicht erklären, aber am liebsten würde er den Opernbesuch absagen. Doch einmal musste es ja sein und nun ist der Samstag eben da. Die Oper ist phänomenal, ebenso das Abendessen. Danach soll es zur Sache gehen und plötzlich steht ihm der Schweiß auf der Stirn. Bei leiser romantischer Musik und einem Glas Sekt beginnen die beiden sich schließlich zu lieben. Alles scheint bestens zu funktionieren, langsam beginnen sie sich ihrer Kleidung zu entledigen. „Hoffentlich steht er mir", denkt sich Hans laufend und ist auf seinen Penis konzentriert. Er merkt, wie sein Herz pocht und schwitzt am ganzen Körper. Als Eva sein Glied in die Hand nimmt, bemerkt er seine starke Erektion und ist richtig erleichtert. Sie stimulieren sich gegenseitig, bis sie es fast nicht mehr aushalten. Dann ist es soweit: Hans dringt in Eva ein, wobei sie vor Wollust laut aufschreit. Doch plötzlich passiert das, wovor sich Hans so gefürchtet hat: Aus heiterem Himmel, mitten im Gefecht, lässt ihn sein Freund im Stich und schmollt. Sein Glied erschlafft und rutscht wieder heraus. So sehr sich auch Eva mit Hand und Mund bemüht, ihn wieder zu reanimieren, er bleibt schlaff. Eva tröstet Hans, doch er ist niedergeschmettert. Er hat als Mann versagt und das ausgerechnet bei Eva. Man kann es drehen und wenden, wie man will - Hans hat eine Erektionsschwäche.

Praktisch jeder Mann kennt diese Situation und hat sie schon einmal oder auch mehrere Male erlebt. Für die Dauererektion gibt es keine Garantie. 50 Prozent der Männer zwischen 40 und 50 Jahren haben gelegentlich Erektionsprobleme. 10 Prozent der Männer leiden ständig unter einer nicht ausreichend andauernden Erektion. Bei den 18- bis 55-jährigen Männern sind es nur 16 Prozent, die gelegentliche diesbezügliche Störungen haben. Je älter der Mann, desto häufiger tritt also diese Dysfunktion auf. Diese erektile Dysfunktion kann zweierlei Ursachen haben: entweder organische oder psychische. So sind es Durchblutungsstörungen der Arterien, Diabetes mellitus, übermäßiger Alkoholkonsum, Hochdruck, bestimmte Medikamente, Herzerkrankungen, Nikotinkonsum und Prostataoperationen, die dafür verantwortlich sein können. Hat der Mann morgendliche Erektionen oder keine Probleme bei der Masturbation, so kann man diese Ursachen weit gehend ausschließen. Dann bleiben noch die psychischen Gründe - so wie bei Hans. Er ist ein typisches Beispiel dafür. Hat er doch in früherer Zeit zwei- bis dreimal zufällig versagt, vielleicht hatte er da eine leichte Grippe, zu viel Alkohol getrunken oder es war ein One-Night-Stand mit einer Frau, in die er nicht verliebt war. Das gräbt sich bei uns Männern ins Gehirn ein und bewirkt einen Erwartungsdruck. Jetzt, wo er es bei Eva besonders gut machen wollte, kamen diese Ängste wieder hoch und ausgerechnet da passierte es auch tatsächlich wieder.

Wie behandelt man nun diese Störung? Sollte dieses Phänomen bei Hans wieder auftreten, so haben sich heutzutage neben einer Psychotherapie besonders die potenzfördernden Pillen wie VIAGRA durchgesetzt. Das sind wahre Wunderpillen, wobei sie bei Hans auch die Erwartungsangst mildern würden. Er wüsste dann nämlich: „Ich nehme die Pille, da kann nichts passieren" und es passt dann auch wirklich. Bei Hans ist das aber alles nicht nötig, denn beim nächsten Mal klappt es tadellos. Bei ständiger Impotenz gibt es neben der medikamentösen Therapie noch die Möglichkeit von Injektionen in die Schwellkörper, mechanisch wirkende Vakuumpumpen oder Prothesen.

Unter der Ejakulation versteht man den Samenerguss während des Orgasmus. Es ist ein komplizierter Vorgang, ein Summationsreflex, wie das Niesen bei Erreichen einer bestimmten Erregungsstufe. Vor der Ejakulation tritt an der vorderen Harnröhre noch der so genannte Wollusttropfen aus, eine schleimige Flüssigkeit, die die Harnröhre schlüpfrig macht und von Harn befreit, der die Spermien schädigen könnte. Knapp davor sammeln sich die Spermien aus dem Nebenhoden sowie die Flüssigkeit aus Samenblasen und Prostata in der hinteren

Harnröhre, während sich der vordere und hintere Blasenmuskel schließt. Im Moment des Ergusses entspannt sich der äußere Muskel, die Beckenmuskulatur spannt sich an und unter rhythmischen Kontraktionen wird das unter Druck stehende Sperma durch die Harnröhre herausgeschleudert. Dieses kann dabei fließen, tröpfeln oder auch zum Teil weit spritzen. Frauen bevorzugen angeblich das Spritzen. Auf die Intensität des Orgasmus hat die Art des Ausstoßens allerdings keinen Einfluss. In der Regel kommen zwei bis sechs Milliliter Samenflüssigkeit heraus. Das Sperma schmeckt nicht so besonders toll, es wird als salzig bis nussig beschrieben. Der Geschmack hängt auch von der Art der Nahrungsaufnahme ab. Der Genuss von Ananas soll den Geschmack verbessern. Ein verzögerter oder fehlender Orgasmus wird als Ejaculatio tarda bezeichnet, gehört vom Sexualmediziner abgeklärt und kann organische oder medikamentöse Ursachen haben.

Wir sehen: Alles, was mit dem Penis und seiner Umgebung zu tun hat, ist kompliziert und für den Mann heilig.

Männliche Sexualfantasien

Jeder Mensch, egal ob Mann oder Frau, hat seine sexuellen Fantasien. Entweder äußern sie sich als Tagesfantasien oder es wird bei sexueller Betätigung fantasiert, sei es beim Geschlechtsakt oder bei der Selbstbefriedigung. Eine neue Studie an der Universität Ohio hat gezeigt, dass ein junger Mann im Durchschnitt 18-mal täglich an Sex denkt, bei der Frau sind es nur 10-mal. Oft genug, wie ich denke. Das erotische Kopfkino unterscheidet sich bei Mann und Frau: Während der Mann konkret eher optische genitalbezogene Fantasien hat, träumt die Frau umfassender, allgemeiner, oft partnerbezogen, wobei Gefühle, Geräusche, Gerüche und auch Erinnerungen im Mittelpunkt stehen. Ein Mann fantasiert hingegen konkret: Er stellt sich Sex mit einer bestimmten Frau im Umfeld vor. Sei es mit der Sekretärin, mit der Frau im Café nebenan oder mit jener an der Bar. Er zieht sie quasi vor seinem inneren Auge aus, stellt sich vor, wie sie wohl nackt aussehen würde, wie ihre Scham aussehen könnte, ob sie behaart oder rasiert ist, wie ihre Brüste beschaffen sind, wie sie beim Sex wohl stöhnen und ihren Orgasmus erleben würde. Oder er denkt in freudiger Erwartung an den Abend, an dem man es sich in aller Ruhe selbst machen wird, was er sich dabei ansehen und wie lustvoll dieser Abend sein könnte. Bei bisexuellen Männern - und das sind nicht wenige - kommen in diesen Fantasien naturgemäß auch andere Männer vor: Wie es wohl wäre, den Penis des Nachbarn in der Hand zu haben oder ihn zu blasen. Es sind also ganz konkrete Fantasien, die Männer haben. Viel härtere Vorstellungen haben sie beim Geschlechtsverkehr oder bei der Selbstbefriedigung: Während der Masturbation baut ein Mann auf optische Reize. Er sieht sich im Internet pornografische Bilder oder Filme an, wobei wiederum den Genitalien eine große Aufmerksamkeit geschenkt wird. Er stellt sich vor, wie es wäre, wenn die Partnerin eines anderen Mannes hart hergenommen würde. Oder er denkt an eine bestimmte Person im Umfeld oder aus der Öffentlichkeit, mit der er Sex haben könnte, sei es vaginal oder oral.

Auch beim Geschlechtsverkehr unterscheiden sich männliche und weibliche erotische Tagträume manchmal. Die Hauptfantasie bei Männern ist der flotte Dreier: Der Mann stellt sich vor, wie es wäre, wenn noch eine weitere Frau oder ein Mann oder gleich mehrere andere Männer anwesend wären, wie es wäre, wenn der Mann seine Frau beglücken würde, während sie gleichzeitig einen anderen Mann oral befriedigt. Nicht weit davon entfernt sind die Swinger-Fantasien, bei denen die Partner getauscht werden. Auch hier hat der Mann konkrete, oft sehr genitalbezogene Vorstellungen. Eine weitere männliche Fiktion ist Sex in der Öffentlichkeit oder an ungewöhnlichen Orten, also etwa in der Umkleidekabine, im Lift, im Kinosaal oder im Flugzeug, wobei meistens andere Leute zusehen und es sich dabei selber machen. Manche Männer stellen sich auch vor, wie es wäre, wenn die Partnerin sich selbst befriedigen würde. Das törnt ordentlich an. Auch Analverkehr ist für den Mann eine geile Sache, da der Anus besonders eng ist. Wenn die Partnerin diese Sexualpraktik nicht mag, so stellt sie sich der Mann wenigstens vor. Außerdem sind Erniedrigungsfantasien recht häufig. Der Mann stellt sich dabei vor, wie es wäre, gefesselt, ausgepeitscht oder geschlagen zu werden. Neben diesen masochistischen Tagträumen gibt es natürlich auch die sadistischen: Der Mann unterwirft dabei seine Partnerin, schlägt sie und reißt an ihren Haaren. Das kann bis zur Vergewaltigungsfantasie gehen. Den Vorstellungen in Bezug auf Sex sind keine Grenzen gesetzt, das kann bis zum Sex mit Tieren gehen. Dass Homosexuelle und Pädophile andere Fantasien haben, liegt auf der Hand.

Nun noch kurz ein Wort zu den weiblichen Wunschträumen. Stimmt der Satz: Frauen träumen treu und Männer träumen fremd? Nur bedingt. Denn auch Frauen stellen sich vor, wie es wäre, von einem unbekannten Mann genommen zu werden. Dennoch fantasieren Frauen doppelt so oft von Sex mit ihrem Partner, während Männer sich dreimal so oft auch Geschlechtsverkehr mit einer anderen Person vorstellen. Es kann Ihnen als Frau also durchaus passieren, dass Ihr Mann während des Coitus an eine andere Frau denkt. Kein schöner Gedanke. Aber umgekehrt kommt es ja auch vor, nur nicht so häufig. Während die Hälfte der Frauen in ihren Träumen den Partner nicht wechseln, trifft das bei Männern nur in 17 Prozent der Fälle zu. Nicht wenige Frauen fantasieren von Sex mit Frauen oder mit zwei Männern, wobei die Sandwichposition vor allem in Männerträumen vorkommt. Frauen wollen auch hart genommen werden. In seinem Buch „Die versteckte Lust der Frauen" beschreibt der preisgekrönte US-Autor Daniel Bergner, dass 30 bis 60 Prozent der Frauen Vergewaltigungsfantasien haben. Das hat mit der Realität absolut nichts zu tun und ist völlig getrennt zu betrachten. Im Gegensatz zur echten Vergewaltigung hat die Frau bei der Fantasie ja die völlige Kontrolle über sich. Man sollte daher eher von Unterwerfungsfantasien sprechen. Nicht wenige Frauen stellen sich auch Orgien vor. Ob mit zwei, drei oder gleich zehn anderen Menschen - der Fantasie sind keine Grenzen gesetzt. „Alter Mann verführt junges Mädchen" - diese Träume kommen oft bei Mädchen und jungen Frauen vor. Auch hier spielt die Unterwerfung eine gewisse Rolle. Ältere Männer werden mit Stärke und Erfahrung gleichgesetzt. Wie bei den Männern kommt auch der Traum vom Sex in der Öffentlichkeit vor. Eine der häufigsten Fantasien ist allerdings, von einem fremden Mann genommen zu werden: Der Fremde kommt aus dem Nichts, hat keine Identität, keinen Namen, kein Gesicht. Irgendwie ist er ein bisschen unheimlich. Mit ihm kann die Frau alles machen, verschwindet er doch wieder so wie er gekommen ist. Er ist anonym und das ist reizvoll. Welche Fantasien Mann und Frau auch immer haben, sie steigern die Lust und sind aus dem Sexualleben nicht wegzudenken.

Der Mann auf der Toilette

Ich hasse es, öffentliche Männertoiletten aufsuchen zu müssen. Haben Sie als Frau schon einmal so einen Ort gesehen? Wenn nein, so lassen Sie es auch in Zukunft bleiben! Schon beim Eingang schwappt einem der Geruch von Ammoniak entgegen, der vom Harnstein im Pissoir aufsteigt. Wenn dann noch künstliche Geruchsstoffe zur Luftverbesserung verwendet werden, so hat man das Gefühl, ein Prinz hätte im Wald sein großes Geschäft verrichtet. Schon beim Öffnen der WC-Tür oder beim Griff zur Schnalle badet man in Millionen von Bakterien. Steht man dann vorm Pissoir, kann es schon einmal vorkommen, dass man eine Ladehemmung hat, wenn einem zwei Nachbarn dabei zuschauen. Schließlich wollen die wissen, ob man einen großen Schwanz hat. In die große Muschel zu treffen ist meist kein Problem, umso mehr allerdings der Spritzeffekt: Eine nasse Hose ist keine Seltenheit. Igitt! Viele Pissoirs haben keine Wasserspülung, der Harn rinnt einfach auf einen Geruchsstein und dann ab in das Rohr, wobei ältere Toiletten noch ein freies Rinnsal haben, sodass man zusehen kann, wie der Gemeinschaftsharn abrinnt. Lustig ist es, dabei zuzusehen, wie alle Männer zum Schluss ihr bestes Stück schütteln nach dem Motto „Es hilft kein Schütteln und keine Klopfen, in die Hose geht der letzte Tropfen". Das ist wohl anatomisch bedingt. Nur 70 Prozent der Männer sind Stehpinkler, der Rest geht ab in eine Kabine. „Männer sind Schweine" - dieses Lied von den Ärzten fällt mir jedes Mal ein, wenn ich diese Räume betrete. Da ist die Klobrille angepinkelt, ein kleiner See träumt vor der Klomuschel vor sich hin und man muss schon froh sein, wenn nicht noch andere Exkremente zum Vorschein kommen, von einem verstopften WC ganz zu schweigen. Papierfetzten liegen wahllos verstreut in der Kabine herum und verströmen den Geruch von Sperma. Ja, Ihr Frauen, auf den öffentlichen Toiletten wird masturbiert, was das Zeug hält. Sei es alleine, zu zweit oder zu dritt. Es sind oft Stricher oder homo- und bisexuelle Männer, die diesem Hobby frönen. Da fliegt einem ein Gestöhne und Ächzen um die Ohren und wenn Sie Pech haben, steckt Ihnen der Nachbar seinen Schwanz durch ein sogenanntes Glory Hole entgegen. Das sind kleine runde Öffnungen in Penishöhe in den Seitenwänden der Kabinen, durch die Männer ihr Ding stecken, um vom Nachbarn anonym befriedigt zu werden. Wenn es ganz hoch hergeht, bekommen Sie beidseitig einen Schwanz zu sehen.

Warum pinkeln die Stehpinkler auf der Toilette ständig daneben, frage ich mich. Es sind nicht nur Besoffene, die das machen, offenbar hat das Tradition. Die Klobrille wird nicht hochgeklappt, weil man zu faul dazu ist. Dann wird die Vorhaut nicht zurückgezogen, nur 50 Prozent der Männer machen das. Schließlich ist bei Männern, speziell im höheren Alter durch die Prostatavergrößerung der Druck und damit der Strahl so schwach, dass sie oft nicht richtig ins Schwarze treffen. Die Geräusche aus den Nachbarkabinen sind auch nicht gerade berauschend. Da wird gepresst, gestöhnt und gepupst. Auch gesprochen wird dabei nicht selten. Einmal hörte ich aus der Nachbarkabine den Satz „So Hans, jetzt wird einmal so richtig fein geschissen". Frauen sind diese Geräusche offenbar so peinlich, das es in japanischen Toiletten laute Musik bzw. ein Wasserrauschen gibt, das man auf Knopfdruck auslösen kann. Schließlich gibt es da noch die vielen pornografischen Zeichnungen und Sprüche an den Kabinenwänden. Übergroße Phallusse, die auf eine Vagina spritzen, Klosprüche der ärgsten Art und dutzende Telefonnummern für einen Homo-Quicky. Mit diesen Sprüchen könnte man ein eigenes Buch füllen.

Händewaschen nach dem Toilettengang: Fehlanzeige. Ein hoher Prozentsatz von Männern wäscht sich die Hände nicht nach dem Gang aufs WC. Seife verwenden sie noch weniger und wenn die Hände gewaschen werden, so landet das Papier zum Trocknen einfach auf dem Boden. Auf den Toiletten wird aber nicht nur das Geschäft erledigt. Da gibt es auch Männer, die sich rasieren oder den Körper waschen, meistens sind das Fernfahrer.

Letztendlich werden auch typische Männergespräche vorwiegend am Pissoir geführt. Am schlimmsten sind die Plumpsklos an den Autobahnen. Hier wird auf Tonnen von Exkrementen gepinkelt, während einem die Fliegen um die Nase sausen. Ich hasse es, öffentliche Männertoiletten aufsuchen zu müssen!

Der sexsüchtige Mann

Es gibt sie: die Sexsüchtigen. In ihrem Leben geht es nur um Geschlechtsverkehr. Mit Lust und Liebe hat das überhaupt nichts zu tun. Es ist eine Krankheit, die es auch bei Frauen gibt, aber bei Männern kommt sie fünfmal häufiger vor. Ähnlich wie Alkohol und Drogen kann auch die Erotik zur Sucht werden. Der Gedanke an Sexualität bestimmt dann den ganzen Tag und verdrängt alles andere. Die Reize müssen immer stärker werden, um das sexuelle Verlangen kurzfristig zu stillen. Bei dieser Hypersexualität besteht ein hoher Leidensdruck. Trotz kurzfristiger Entlastung kommt es zu keiner dauerhaften Befriedigung. Solche Menschen haben einen kontinuierlichen Drang, ihre Sexualität auszuüben, sei es durch Pornografie, Selbstbefriedigung oder Geschlechtsverkehr. Viele dieser Männer haben oft anonymen Sex und das erhöht die Gefahr von Geschlechtskrankheiten. Diese psychische Erkrankung nimmt ohne Behandlung im Laufe der Zeit zu und führt zu groben Problemen in der Partnerschaft, aber auch beruflich und finanziell kann sich die Sucht negativ auswirken. Die Grenzen zu einem gesunden Mann mit gesteigertem Sexualtrieb ist fließend, der große Unterschied ist aber, dass der Sexsüchtige unter seiner Erkrankung leidet, während der normale Mann Spaß daran findet. Ein sexsüchtiger Mann kann keine fixe Bindung mit einer Frau eingehen und hat auch nicht selten keine Orgasmen. Sein Handeln ist zwanghaft. Jede Bemühung, sich nicht sexuell betätigen zu müssen, scheitert. Der Betroffene erkennt die Unsinnigkeit seiner Handlungen, kann sie aber nicht unterbinden. Es folgen Schuldgefühle. Ungefähr ein bis sechs Prozent der österreichischen und deutschen Bevölkerung ist sexsüchtig - das ist gar nicht so wenig. Der Verlauf ist progredient. Am Höhepunkt der unbehandelten Sexsucht kann es zu sexuellen Handlungen in der Öffentlichkeit wie Exhibitionismus oder Voyeurismus kommen. Auch sexuelle Übergriffe in Form von obszönen Anrufen werden dann beobachtet. Nicht selten flüchtet der Betroffene in die Prostitution.

Wie weiß ich nun, ob mein Partner sexsüchtig ist, wenn er zweimal am Tag sieben Mal in der Woche Sex von mir will? Wenn die Partnerschaft intakt ist, der Partner unter seinem Trieb nicht leidet, Orgasmen hat und keine anderen Sexualpartner hat, so kann man davon ausgehen, dass keine Sexsucht, sondern einfach ein gesteigerter Sexualtrieb im normalen Rahmen vorliegt. Die Ursachen für die Erkrankung sind letztlich noch nicht erforscht. Tatsache ist, dass es im Laufe von psychischen Erkrankungen, z. B. während einer manischen Phase, zu solchen Störungen kommen kann. Ansonsten werden genetische Faktoren angenommen, da im Familienkreis oft andere Süchte wie

68

eine Alkohol- oder Medikamentensucht vorkommen. Schließlich können auch Erlebnisse in der Kindheit, etwa ein sexueller Missbrauch dafür verantwortlich sein. Die Therapie sollte im stationären Bereich stattfinden und besteht aus einer kognitiven Verhaltenstherapie unterstützt von Psychopharmaka. Am Anfang steht eine längere Enthaltsamkeit, wobei die Entzugssymptome in Gesprächs- und Selbsthilfegruppen aufgearbeitet werden. Sexsüchtige Frauen nennt man übrigens Nymphomaninnen.

Die Sexualität des älteren Mannes

Für befriedigende Sexualität gibt es keine Altersgrenze. Jugendliche glauben teilweise, dass es sich ab dem mittleren Alter mit dem Sex aufhört. Dagegen hält eine amerikanische Studie, die besagt, dass mit einem Durchschnittsalter von 86 Jahren noch 64 Prozent der Frauen und 82 Prozent der Männer gelegentlich sexuellen Kontakt haben. Nicht so spektakulär und aufregend wie in der Jugend, aber doch. Sex im höheren Alter ist wichtig und gesunderhaltend, mindestens so effizient wie Bewegung und Sport. Die Genitalien müssen wie alle Organe trainiert und in Schuss gehalten werden. Jede Ejakulation erhöht den Testosteronspiegel und sorgt für weitere Potenz. Wann ist aber ein Mann alt? In der Geriatrie wird ab 65 Jahren von einem älteren Mann gesprochen, bis zum 75. Lebensjahr ist er ein junger Alter, danach ein alter Alter. Geht man allerdings von hormonell assoziierten Veränderungen aus, so kommt es bereits ab 40 Jahren zu einem deutlichen Testosteronabfall und ab 50 zu vermehrt altersassoziierten Beschwerden und Erkrankungen. Generell kann man sagen, wer schon in der Jugend sexuell sehr aktiv war, der wird auch noch im Alter viel Spaß an der Sache haben und umgekehrt. Es ist ein Phänomen, dass 55- bis 65-jährige Männer sexuell aktiver sind als die 18- bis 25-jährigen. Erst danach geht es bergab. Der sexuelle Reaktionszyklus ist beim alternden Mann etwas anders als beim jungen. Während der Erregungsphase brauchen alte Männer länger, um eine Erektion zu bekommen. Sie benötigen auch mehr direkte Stimulation der Genitalien. Die Steifheit der Erektion nimmt ab. Die Plateauphase dauert länger und der Drang zur Ejakulation ist geringer und erfolgt später. Der Orgasmus ist weniger deutlich erkennbar und dauert kürzer, die Menge des Ejakulates nimmt ab. Die Refraktärphase, in der eine neuerlich Erektion möglich ist, verlängert sich. Die Ursachen dafür sind physiologische neuronale Veränderungen sowie vaskulärer und hormoneller Natur. Außerdem hat der ältere Mann oft Krankheiten, die das Sexualleben beeinflussen: Diabetes mellitus, Hochdruck, arterielle Durchblutungsstörungen, Fettleibigkeit, die Folgen von Alkohol- und Nikotinkonsum. Schließlich sind es auch Medikamente, die der Mann einnehmen muss, die eine gewisse Rolle spielen können. Auch eine durchgemachte Prostataoperation ist eine häufige Ursache für eine erektile Dysfunktion. Ältere Männer suchen sich häufig jüngere Frauen zum Sex, wobei ein Teil auch zu Prostituierten geht. In ihrer alten Beziehung ist der Sex zur Gewohnheit geworden. Männer beklagen sich über folgende Aussagen ihrer Frauen:

„Sex ist schmutzig und gehört sich nicht mehr!"

„Wenn man keine Kinder mehr bekommen kann, erübrigt sich der Sex!"

„Sex ist ein Pflichtprogramm, ich bin froh, dass es jetzt vorbei ist!"

„So etwas habe ich nicht mehr nötig!"

„Ein alter Körper ist hässlich und unästhetisch, da kann man keine Lust mehr bekommen!"

„Wenn man sexuelle Wünsche äußert, macht man sich doch lächerlich!"

„Im Alter verlässt einen die Lust!"

Auch bei den Frauen kommt es natürlich mit zunehmendem Alter zu Veränderungen: Die Östrogenproduktion lässt nach, die Scheide wird trocken. Schmerzen beim Verkehr sind die Folge.

Oft fanden Brust- oder Gebärmutteroperationen statt. Die Frau fühlt sich nicht mehr vollwertig. Sie hat Probleme mit ihrem Körper und infolge dessen Komplexe jüngeren Frauen gegenüber. Die Medien und die Werbeindustrie gaukeln einem vor, die Frau hätte makellos und perfekt zu sein. Das alles kann dazu führen, dass sich eine Frau aus dem partnerschaftlichen Sexualleben zurückzieht. Dazu kommt noch, dass sich die Paare oft jahrzehntelang kennen und der Reiz des Neuen fehlt. So schläft der Sex langsam ein. Man spricht nicht mehr darüber. Man berührt sich nicht mehr aus Angst, es könnte mehr daraus werden. Dabei muss das sexuelle Verlangen gepflegt werden, es bleibt nicht von alleine bestehen.

Wie ändert sich die Sexualität im Alter? Grundsätzlich nimmt das Interesse für sexuelle Aktivitäten mit zunehmendem Alter ab - bei Frauen stärker als bei Männern. Männer favorisieren dabei eher den klassischen Geschlechtsverkehr, während die Frauen andere Formen der sexuellen Stimulierung mögen. Sie haben auch ein größeres Interesse am Austausch von Zärtlichkeit. Auch die Selbstbefriedigung im Alter spielt unabhängig vom partnerschaftlichen Sex noch eine große Rolle: 50 Prozent der 50- bis 90-jährigen Frauen und 80 Prozent der gleichaltrigen Männer masturbieren, wobei für alleinstehende ältere Frauen das oft die einzig mögliche sexuelle Betätigung ist.

Es ist leider eine Tatsache, dass sich ältere Männer gerne wesentlich jüngere Frauen und Freundinnen suchen. Der Reiz der Jugend und die neue prickelnde Erotik ist wie ein Jungbrunnen für sie. Sie erleben einen zweiten Frühling auch in sexueller Hinsicht. Ihre Potenz lebt in einem unwahrscheinlichen Ausmaß auf, plötzlich funktioniert alles wieder. Nicht selten nehmen die älteren Herrschaften auch potenzsteigernde Pillen ein und koitieren wie ein junger Stier. Für die zurückgebliebene

Partnerin ist das eine schmerzliche Erfahrung. Ihr Sexualleben bricht total zusammen, außerdem verliert sie ihren geliebten Mann an eine andere Frau.

Im Alter kommen Unterschiede im Geschlechtstrieb noch viel stärker zum Tragen als in der Jugend. Man sollte daher in jungen Jahren eine Partnerin suchen, die ungefähr die gleiche Libido hat wie man selbst. Denn wenn der Mann täglich Sex will und sie nur einmal pro Woche, so wird das schiefgehen. Im Alter geht die Schere dann noch viel weiter auf, die Hürde ist oft unüberbrückbar: Er will zweimal wöchentlich und ihr genügt es, wenn sie einmal im Monat Sex hat. Das Problem ist damit perfekt.

Ein Tabuthema ist Sex im Altersheim. Seniorenheime sind für sexuelle Betätigungen nicht konzipiert. Die meisten Bewohner sind alleinstehend und leben in Doppelzimmern. Da ist kein Platz für Zweisamkeit und Sex. Es erfolgt aber langsam ein Umdenken. Moderne Heime gestatten den Geschlechtsverkehr unter den Bewohnern in Einzelzimmern. Es gibt zunehmend Sexualbegleiterinnen, die den alten Menschen auf Wunsch besuchen, mit ihm über seine Wünsche sprechen und den Männern bei Bedarf auch Prostituierte vermitteln. Um die Intimsphäre zu wahren, wird auch zunehmend das Absperren der Zimmer erlaubt, sodass wenigstens eine Selbstbefriedigung möglich ist. Sex mit den Angestellten ist allerdings ein absolutes Tabu und ein Entlassungsgrund.

Der narzisstische Mann

Verliebt in sich selbst, selbstbezogen, geltungsbedürftig, eitel: Narzissten finden sich selbst oft unwiderstehlich und sie stehen dazu. Sie gelten als egoistisch, arrogant und selbstsüchtig. Selbstverliebte Männer sind gekennzeichnet durch einen Mangel an Einfühlungsvermögen und Überempfindlichkeit gegenüber Kritik, was sie mit einem großartigen äußeren Erscheinungsbild kompensieren wollen. Beim positiven Narzissmus hat der Mann ein stabiles Selbstwertgefühl. Er ruht ins sich selbst und strahlt Wärme aus. Beim negativen hingegen liegt ein vermindertes Selbstwertgefühl vor. Ein solcher Mann ist sich selbst zugewandt, hat ein passives Liebesbedürfnis und liebt nur, um selbst geliebt zu werden. Ein gleichzeitiges Geben und Nehmen gibt es nicht. So ein Mann ist kaum zur Empathie fähig. Sein Selbstwertgefühl ist so gering, dass er ständig auf Lob von außen angewiesen ist. Oft neigen narzisstische Männer dazu, auch andere Menschen abzuwerten, um selbst besser dazustehen. Narzissten treten arrogant und egoistisch auf. Übersteigerte Ansprüche an sich selbst und Ehrgeiz führen oft zu Erschöpfungszuständen, wobei Herzbeschwerden, Kopfschmerzen und Schlafstörungen auftreten können. Der Selbstverliebte ist der Überzeugung, einen besonderen Status zu haben und hält sich deshalb oft auch in den höheren Gesellschaftsschichten auf. Er hat ein Bedürfnis an übermäßiger Selbstbestätigung und Bewunderung. Narzissten sind oft schillernde Persönlichkeiten, wirken faszinierend und anziehend auf andere Menschen. Univ. Prof. Dr. Reinhard Haller sagt: „Gott vergibt, ein Narzisst nie!" und meint, man könne den Narzissten an einem vierfachen großen **E** erkennen:

1. extremer **E**gozentriker

2. hohes Maß an **E**mpfindlichkeit

3. Mangel an **E**infühlungsvermögen

4. **E**ntwertung

Millon unterscheidet folgende Formen des Narzissmus:

1. Normaler narzisstischer Mensch: Er erscheint kompetitiv, selbstsicher und erfolgreich.

2.Charakterloser Narzisst: Er ist betrügerisch, ausnutzend, skrupellos und neigt zu Straftaten.

3. Amouröser Narzisst: Er gibt sich verführerisch, exhibitionistisch und kann sich nicht auf tiefgehende Beziehungen einlassen.

4. Kompensatorischer Narzisst: Er führt ein grandioses Selbst vor, dem jedoch massive Minderwertigkeitsgefühle,

Zweifel und Schamgefühle zugrundeliegen.

5. Elitärer Narzisst: Er legt ein übersteigertes-Selbstwertgefühl an den Tag, ist angeberisch und selbstbezogen, begierig auf sozialen Erfolg und süchtig nach Bewunderung.

6. Fanatischer Narzisst: Er kompensiert sein niedriges Selbstwertgefühl und die reale Bedeutungslosigkeit durch einen Onmnipotenzwahn, sein Verhalten hat paranoide Züge.

Die pathologische Form des Narzissmus ist die narzisstische Persönlichkeitsstörung. Wie erkenne ich einen Narzissten, der vielleicht nur leichte Symptome an den Tag legt, sodass er nicht gleich zu erkennen ist? Stellen Sie sich selbst einige Fragen: Benimmt sich die Person so, als würde sich die ganze Welt um sie drehen? Muss man ihr erst Komplimente machen, um ihre volle Aufmerksamkeit zu bekommen? Wenn Sie mit ihr nicht übereinstimmen, versucht sie Ihnen dann den Mund zu verbieten? Werden Ihre Gefühle heruntergespielt? Werden Ihre Gespräche so umgeleitet, dass sie sich immer um die andere Person drehen? Wenn die Antworten alle bejaht werden können, so haben Sie es wahrscheinlich mit einem Narzissten zu tun.

Eva ist 55 Jahre alt und hat seit kurzem einen neuen Lover. Er ist Universitätsprofessor und zwölf Jahre älter als sie. Beide sind geschieden. Sie haben sich beim Tennis kennengelernt und alles scheint anfangs gut zu laufen. Peter, so heißt er, ist eine schillernde Persönlichkeit und immer auffallend gut gekleidet. Wo er ist, da ist immer was los, er ist ständig von Menschen umgeben und kennt Gott und die Welt. Er verkehrt in der Oberschicht, fährt einen Porsche und er redet viel, manchmal etwas zu viel. Er benimmt sich, als wäre er der Mittelpunkt der Erde. Er behauptet, es würde den Ministerialrat Soundso, diese Schauspielerin und jenes Model kennen, er sei in der Universität sehr beliebt, hätte schon Rektor werden können und werde sicher noch eine große Karriere machen. Wenn Eva einmal etwas von sich erzählen will, so reißt er das Gespräch gleich wieder an sich. Es passiert ständig, was er will. Er bestimmt, wo es heute hingeht, in welche Gesellschaft man sich begibt. Auf ihre Wünsche geht er nicht ein. Als sie deshalb einmal weint, zieht er das in Lächerliche: „Du bist ja kein kleines Kind mehr", meint er, „sei froh, dass Du mich hast. Etwas Besseres hätte Dir nicht passieren können." Wenn Eva einmal etwas nicht gut findet, was er macht, so wird er grob, ruppig und böse. Kleinigkeiten führen schon zum Streit. Dann verlässt er blitzartig beleidigt ihre Wohnung, um sich aber gleich wieder am Telefon zu melden. Dann will er wieder Komplimente hören. Peter ist sexuell sehr aktiv, für Eva manchmal fast zu aktiv. Doch er bestimmt, was beim Sex zu geschehen hat. Dann muss sie ihm sagen, was für ein toller Hecht und Liebhaber er ist. „Ja ich bin der Beste", meint er, während er sich nach dem Sex vorm Spiegel die Haare frisiert, „ich bin der Beste". Einmal hat Eva am Nachtkästchen ein Packung VIAGRA entdeckt. Peter ist ehrgeizig und will überall der Größte sein: beim Tennis, beim Sex und im Gespräch. Er ist rechthaberisch und lässt kaum eine andere Meinung gelten. Ob Eva mit ihrem Peter glücklich werden wird? Wohl kaum, denn Sie haben es erraten: Sie ist einem Narzissten aufgesessen.

Die Ursachen des Narzissmus werden in der Kindheit vermutet. Eine unzureichende oder übersteigerte elterliche Zuwendung führt dazu, das die Person im Erwachsenenalter ein mangelndes Selbstbewusstsein hat und dadurch eine Suche nach Anerkennung, gepaart mit Leistungszwang resultiert. Eine Behandlung der narzisstischen Persönlichkeitsstörung erfolgt psychosomatisch.

Warum der Mann fremdgeht

Gertrude und Robert führen seit 25 Jahren so etwas wie eine durchschnittliche Ehe: Das heißt: Sie erlebten gute und schlechte Zeiten. Sie haben zwei mittlerweile erwachsene Kinder. Robert ist Büroangestellter, Gertrude im Haushalt tätig. Ihr gemeinsamer Sex ist in letzter Zeit nicht mehr berauschend, aber sie lieben sich ab und zu, wenn auch vieles zur Routine geworden ist. Sie haben einen großen Bekanntenkreis, gehen gelegentlich aus und sind im Großen und Ganzen recht glücklich. Besonders auf die Kinder, die mittlerweile außer Haus leben, sind sie sehr stolz.

Doch in letzter Zeit ist in ihrer Ehe etwas anders: Gertrude wundert sich, dass Robert plötzlich so viele Überstunden macht. Er kommt erschöpft nachhause, will nichts mehr essen, duscht sich und legt sich ins Bett, um gleich einzuschlafen. Dabei ist er aber irgendwie bester Laune. Er hat sich auch sonst ein wenig verändert: Manchmal ist ihr gegenüber plötzlich besonders freundlich, bemüht und großzügig. Nach langer Zeit bringt er wieder Blumen mit. Zum Geburtstag hat er ihr einen tollen Ring geschenkt. Dabei weicht er aber einem Blickkontakt aus. Er achtet noch mehr auf seine Körperhygiene, kleidet sich anders. Trotz Freundlichkeit ist er oft muffelig und ausweichend. Manchmal ist er sogar vorwurfsvoll und kritisierend. Da kann

81

sie ihm nichts Recht machen. Er telefoniert häufig und heimlich und legt auf, wenn sie ihn dabei überrascht. Auch SMS schreibt er auffallend oft. Nur mit dem Sex will es gar nicht mehr so richtig klappen. Er weicht Zärtlichkeit aus, ist oft zu müde oder hat Kopfschmerzen. Gertrude registriert zwar diese Veränderungen, aber schreibt sie der Arbeitsüberlastung ihres Mannes zu. Auch die Nachbarin und der Bekanntenkreis scheinen sich plötzlich etwas anders zu verhalten. Auffallend oft wird sie auf ihren Mann angesprochen. Wie es ihm ginge und ob bei ihnen alles okay sei. Eines Tages vergisst Robert sein Handy daheim. Gertrude zögert zwar lange, aber zu groß ist ihre Neugier. Sie liest also die letzte SMS: „Liebling, ich kann ohne Dich nicht sein, tausend Küsse". Gertrude stürzt ins Bodenlose. Niemals hätte sie gedacht, dass ihr Robert fremdgehen würde.

Beim Fremdgehen unterscheide ich einen einmaligen Seitensprung, einen Ausrutscher - das kann Frau und Mann schon einmal passieren - von einem ernsthaften Fremdgehen in Form einer anderen Liebesbeziehung. Ein einmaliger Ausrutscher, z. B. bei einem Betriebsfest unter Alkoholeinwirkung, hat ja wohl kaum Auswirkungen auf eine Ehe, im Gegenteil kann er diese sogar auffrischen. Doch bei Robert ist es wohl etwas anderes: Er hat sich richtig verliebt. Seit Monaten geht das so und Gertrude hatte das nicht bemerkt. Der ganze Bekanntenkreis wusste von dieser Beziehung, sie war die letzte, die es erfuhr.

Warum ist das so? Frauen neigen dazu, ihre Gewohnheiten beizubehalten, sie wollen im Gleichgewicht bleiben. Wenn der Partner fremdgeht, so bedeutet das Wut, Schmerz und Kummer, tagelanges Weinen, Verlust und unangenehme Gefühle. Das will sich Gertrude ersparen, sie will Gewohntes beibehalten und daher leugnet sie diese Veränderungen, redet sich ein, es werde schon nichts sein, er arbeite in letzter Zeit einfach mehr, das müsse man verstehen. Sie wiegt sich also in falscher Sicherheit.

Warum gehen Männer fremd? Was ist so begehrenswert daran? Da ist einmal der Reiz des Neuen. Mit der Ehefrau ist alles zur Gewohnheit geworden. Der Sex bringt nicht wirklich etwas Neues, ihr Körper ist ihm hinlänglich bekannt und ist auch nicht mehr der jüngste. Die Neue bringt wieder Schwung ins Sexleben. Hier ist alles aufregend, prickelnd, sensationell neu und berauschend. Die meisten Männer sind nicht monogam konzipiert. Sie wollen Sex mit einer anderen Frau, neue weibliche Körper in den Armen halten, eine andere Haut riechen. Sie wollen andere weibliche Wesen zum Orgasmus bringen, sehen, wie sie beim Sex reagieren. Es kommt wieder Begierde, Lust und Rausch auf. Die eigenen Orgasmen werden wieder heftiger, die Befriedigung ausgeprägter. Von einem anderen Menschen geliebt zu werden, bedeutet auch Selbstbestätigung, erhöht das Selbstbewusstsein und stärkt das Ego und dies ist bei Männern bekanntlich sehr wichtig. Speziell Männer, die sich in der Midlife-Crisis befinden und ältere Männer suchen sich weit jüngere, knackige Frauen. Dadurch fühlen sie sich selbst jünger. Der neue Körper ist aufregend, anziehend und verlockend, der Duft der neuen Frau betörend. Es gibt plötzlich neuen Gesprächsstoff, der Horizont wird erweitert. Vielleicht ist die Geliebte eine Theaterliebhaberin, spielt Tennis oder geht gerne wandern. Vielleicht ist sie sportlicher, aufgeschlossener oder herzlicher als die eigene Frau. Es sind auch die neuen menschlichen Eigenschaften, die so verlockend sind. Natürlich gelten diese Tatsachen auch weitgehend für die Frauen. Selbstverständlich will sich auch die Frau bestätigt sehen, auch sie will begehrt und von anderen Männern hofiert werden, auch sie hat manchmal Lust, sexuelles Neuland zu betreten und Abwechslung zu haben. Aber sie stellt diese Begierden zu Gunsten der bestehenden Partnerschaft zurück. Vielleicht wurde sie auch schon als Mädchen so erzogen: Eine Frau hat treu zu bleiben, dem Mann zu dienen und untertänig zu sein. Besonders die vorhergehende Generation wurde derart erzogen. Aber heutzutage bricht ja so manche Frau aus diesen Konventionen aus und geht fremd. Warum sollte für eine Frau auch etwas anderes gelten als für den Mann? Doch Frauen neigen dazu, sich rasch unsterblich zu verlieben, und das ist ein Elementarereignis. Dann geht die Partnerschaft meist in die Brüche. Frauen zurückzuerobern ist wesentlich schwieriger als es umgekehrt der Fall ist.

Ein Seitensprung ist nicht immer ein Zeichen, dass es in der Partnerschaft schlecht läuft. Auch bei intakter Zweisamkeit kann es einmal passieren, dass man sich in einen anderen Menschen verliebt. Vor einer neuen Liebe ist niemand wirklich geschützt, weder der Mann noch die Frau, wenngleich in einer intakten Partnerschaft die Wahrscheinlichkeit auf eine Fremdaffäre geringer ist.

Wie reagiert die Frau in der Regel auf einen Seitensprung und wie sollte sie sich vernünftigerweise verhalten? Die meisten Frauen sind, wie umgekehrt der Mann natürlich auch, zuerst einmal zutiefst gekränkt. Oft suchen sie die Ursachen für den Betrug bei sich selbst und machen sich Selbstvorwürfe, fragen sich, was sie falsch gemacht haben, ob sie nicht mehr gut genug sind oder was sie hätte besser machen können. Jedenfalls wird jede Frau zuerst einmal verzweifelt und enttäuscht sein und sich gedemütigt fühlen. Sie wird weinen, vielleicht einen Schreikrampf bekommen, jedenfalls aber ihren Mann zur Rede stellen, um zu erfahren, wie lange das schon geht, warum er das nicht ge-

beichtet hat, warum sie die letzte ist, die davon erfährt, wie lange das schon geht, wie oft er mit der
anderen Frau geschlafen hat, ob sie besser im Bett
ist, ob er wenigstens ein Kondom benutzt hat, was
die Neue hat, was sie ihm nicht bieten könne. Ein
Meer von Fragen wird auf den Mann einprasseln.
Dieser wird wiederum beteuern, er wollte ihr ohnehin schon ein paar Mal davon erzählen, wollte sie
aber nicht verletzen. Er wird ihr sagen, es habe
nichts mit ihr zu tun. Warum sagen Männer diesen
Satz? Nun, sie wollen Altbewährtes nicht aufgeben,
sie wollen zweigleisig fahren, die Mutter ihrer Kinder nicht verlieren, die Sicherheit und Geborgenheit, die ihnen die gewohnte Beziehung bietet, behalten. Die meisten Männer wollen sich nicht
scheiden lassen. Sie sind in der Regel feige. Sie haben Angst, ihre Frau zu verletzen, sie scheuen deren Wut, Verzweiflung und Eifersucht.

Jedenfalls gibt es zwischen Robert und Gertrude
einen ordentlichen Krach, Fetzen fliegen und man
wirft sich Worte an den Kopf, die in den 25 Jahren
des Beisammenseins nicht gefallen sind. Der ganze
Frust der vergangenen Jahre entlädt sich auf einmal. Am nächsten Tag packt Gertrude ihre Koffer
und zieht zu ihrer Mutter. „Du hörst von meinem
Rechtsanwalt, ich lasse mich scheiden" sind ihre
letzten Worte. Wie es mit unserem Paar weitergeht,
lesen Sie im nächsten Kapitel.

Wie kann man einen Mann, der fremd-geht, zurückgewinnen?

Geht das und wenn ja, wie? Das hängt wohl von der bestehenden Partnerschaft ab. Affären müssen nicht unbedingt ein Symptom einer schlecht funktionierenden Ehe sein. Je besser das Zusammensein in der Vergangenheit geklappt hat, desto größer ist die Wahrscheinlichkeit, dass der Mann seine Liebschaft beendet. Doch dazu bedarf es an Zeit und Klugheit der Frau. Sie muss sich im Klaren sein, dass Fremdgehen nicht bedeutet, dass sie eine schlechte Partnerin war. Dann sollte sie etwas abwarten, bis sich die erste Wut, Verzweiflung und Enttäuschung gelegt haben. Der Liebeskummer muss verarbeitet werden. Eine vorübergehende Trennung, das Ausziehen zu einer Freundin, zur Mutter oder in ein Hotel kann dabei hilfreich sein. Die eine Frau wird vielleicht alleine zurückgezogen ihren Schmerz verarbeiten, die andere sucht eher die Aussprache mit einer nahestehenden Person und weint sich bei ihr aus. Die Trennung führt zwangsläufig dazu, dass sie ihr Partner vermisst, egal wie die Beziehung bis jetzt verlaufen ist. Sei es, dass er wirklich noch an seiner Frau hängt oder dass zumindest sein Stolz getroffen ist. Er wird sie auf alle Fälle zu kontaktieren versuchen. Anrufe, SMS oder Briefe werden die Folge sein. Ja vielleicht wird er sich sogar bemühen, sie zu treffen. Hier sollten betrogene Ehefrauen nicht den Fehler begehen, dem zu früh einzuwilligen. Die erste Welle der Enttäuschung muss sich gelegt haben. Inzwischen müssen hintergangene Frauen sich überlegen, ob sie ihren Partner überhaupt zurückgewinnen wollen. Vielleicht war die Beziehung ohnehin schon zerrüttet und der jetzige Streit war nur mehr der letzte Punkt einer langen traurigen Geschichte. Wenn eine solche Frau allerdings fest entschlossen ist, ihre Partnerschaft zu retten und ihren Mann zurückzuerobern, dann muss eine genaue Strategie her.

Wenn Ihnen so etwas passiert ist, sollten Sie in den ersten Tagen überlegen, was in der Partnerschaft zuletzt schiefgelaufen ist und ob auch etwas von Ihrer Seite aus nicht gepasst hat. Sind Sie zu wenig auf seine Wünsche eingegangen, haben Sie kaum mehr mit ihm gesprochen? Doch Vorsicht: Frauen neigen dazu, sich für alles selbst die Schuld zu geben! Es muss nicht an Ihnen liegen, dass Ihr Mann jetzt eine andere hat. Machen Sie auf keinen Fall den Fehler, ihm zu schnell zu verzeihen oder ihm sogar nachzulaufen! Das wäre ein Kardinalfehler. Ihr Ex muss Sie richtig vermissen. Er wird sofort bemerken, was ihm jetzt fehlt, die Wohnung wird ihm leer vorkommen, die Kinder werden ihm vielleicht Vorwürfe machen. Er wird auch seine neue Freundin plötzlich in einem anderen Licht sehen. Wie gesagt: Die meisten Männer wollen zweigleisig fahren. Signalisieren Sie Ihrem Ex, dass

Sie zu einem Gespräch bereit sind, aber eben erst zu einem späteren Zeitpunkt.

Eines Tages werden Sie wohl wieder mit ihm sprechen müssen. Gehen Sie das mit Muße an, möglichst emotionslos, beherrscht und gut vorbereitet an einem ruhigen Ort, z. B. in einem stillen Café. Machen Sie sich schick und machen Sie keinen leidenden oder weinerlichen Eindruck. Versuchen Sie stark zu sein, und machen Sie ihm keine erneuten Vorwürfe. Die Zeit der Wut, Verzweiflung und des gegenseitigen Beschimpfens sollte schon vorbei sein, wenn Sie ihm wieder gegenübertreten. Sagen Sie ihm, dass Sie ein neues Leben beginnen wollen, vorerst ohne ihn. Sie wollen wieder einmal etwas für sich tun und es Ihnen gut gehen lassen, Dinge tun, auf die Sie bis jetzt aufgrund der Partnerschaft verzichtet haben, vielleicht mit einer Freundin auf Urlaub fahren und es so richtig krachen zu lassen. Nehmen Sie sich vor, sich äußerlich zu verändern und diesbezüglich mehr auf sich zu schauen. Eine neue Frisur, ein neues Kleid - all das könnte Ihnen helfen, Ihre gekränkte Persönlichkeit wieder etwas aufzumöbeln. Vielleicht sagen Sie ihm, dass Sie endlich den Tanzkurs machen werden, den Sie schon immer besuchen wollten. Machen Sie nicht den Fehler, ihn durch Mitleid zu bewegen. Denn selbst wenn Sie Schuldgefühle in ihm erregen, so ist das kein Garant für eine neue gute Beziehung. Auch eifersüchtig sollten Sie ihn nicht unbedingt machen, denn dann will er nur der Eifersucht wegen zurück zu Ihnen. Nach einer Trennung, die von der Partnerin ausgeht, sind wir Männer stets in unserem Stolz gekränkt, selbst wenn wir der Auslöser dafür waren. Dennoch empfinden wir den Abschied als Verlust, er tut uns im Inneren weh. Wir möchten die alten Zustände wieder herstellen und machen Versprechungen: „Ich liebe Dich noch immer und werde die neue Beziehung ohnehin bald beenden. Ich werde mit Dir in den Urlaub fahren und mich auch für den Tanzkurs einschreiben". Hören Sie sich das an, aber glauben Sie nicht all diese Beteuerungen. Sagen Sie ihm nicht, dass Sie zu ihm zurückkehren werden und dass er die Beziehung zu seiner Freundin zuerst abbrechen muss. Das muss aus seinem Munde kommen und schließlich muss er es ja auch in die Tat umsetzen. Denn wenn es die ganz große Liebe ist, so wird das letztendlich auch nicht passieren. Es ist auch nicht unbedingt ratsam, über seine Beziehungsprobleme zu sprechen, denn dadurch beschwört man wiederum nur einen Streit herauf und das sollte unbedingt vermieden werden. Stehen Sie zu der Trennung und machen Sie ihrem Ex klar, dass jetzt Ihr Singleleben beginnt. Verabreden Sie sich in zwei oder drei Wochen wieder mit ihm und lassen Sie gelegentliche Telefonate von seiner Seite zu. Versuchen Sie in der Zwischenzeit, Ihr neues Leben zu genießen, bleiben Sie sich dabei treu und verstellen Sie sich nicht. Auch ein Gespräch mit seiner Geliebten wird wohl nicht viel bringen und wäre für Sie nur erniedrigend.

Nun beginnen wir Männer abzuwägen: Welche Frau ist uns wichtiger? Dabei werden wir unsere Freundin stärker taxieren und sie vermehrt Prüfungen unterziehen und kritischer werden, abwägen, ob sie es wirklich wert ist, für sie die Familie aufzugeben. Wir werden tiefergreifende Diskussionen führen, uns über die Zukunft unterhalten, ob noch ein Kinderwunsch besteht, ob man zusammenziehen will und ob man gemeinsame Vorstellungen über eine zukünftige weitere Partnerschaft hat. Hat die neue Liebe Bestand? Ist die Freundin treu und verlässlich? Wird man vielleicht selber von ihr in geraumer Zeit verlassen werden? Ist uns das momentan Emotionale wichtiger als die Sicherheit und das Altvertraute? All diese Fragen gehen uns Männern dann durch den Kopf. Auch wir brauchen da Zeit. Doch eines Tages wird der Entschluss in uns reifen und wir werden uns entscheiden. Wenn bis dahin noch nicht der Brief des Rechtsanwaltes da ist, so haben wir gute Karten, dass uns unsere Frau verzeihen könnte. In spätestens einigen Wochen sollten wir uns entschieden haben. Dann gibt es aber nur zwei Dinge: entweder Scheidung oder wirklich ein neues Leben zu beginnen.

Robert und Gertrude trennen sich für sechs Wochen. Sie macht mit ihrer Freundin einen tollen

Urlaub und lernt einen feurigen Italiener kennen, der sie umwirbt und ihr wieder etwas Selbstvertrauen gibt. Sie merkt, dass sie als Frau begehrt wird und das tut ihr gut. Robert hingegen beginnt, mit seiner neuen Liebe immer öfter zu streiten - zu gegensätzlich sind ihre Auffassungen über so manche Dinge des Lebens -, bis es eines Tages ordentlich kracht und die Beziehung endet. Heute leben Robert und Gertrude wieder zusammen und bemühen sich, gemeinsam nach vorn zu schauen.

Warum lässt sich mein Liebster nicht scheiden?

Veronika und Herbert sind seit drei Jahren ein Liebespaar. Alles scheint in dieser Beziehung zu stimmen: Sie harmonieren perfekt, schätzen und lieben sich und auch der Sex könnte nicht besser sein. Wenn da nicht diese eine Kleinigkeit wäre: Herbert ist verheiratet. Er ist 45 Jahre alt, ein erfolgreicher Arzt und lebt mit seiner Frau Ute und den gemeinsamen zwei Kindern ganz in der Nähe. Die Stunden mit ihm sind herrlich und berauschend, doch seine Zeit ist verständlicherweise begrenzt. Durchschnittlich zweimal in der Woche kommt er abends zu Besuch. Er bringt Geschenke mir, verehrt seine Geliebte und sexuell schweben die beiden auf Wolke sieben. Doch den Rest der Woche ist Veronika allein. Sie besitzt eine kleine Boutique in der Innenstadt. Um sich abzulenken, stürzt sie sich vermehrt in die Arbeit, bleibt nach Ladenschluss im Geschäft, sortiert die Kleidung oder macht die Buchhaltung. Sie fühlt sich als Anhängsel, als fünftes Rad am Wagen. Bitter ist es, wenn sie Herbert mit seiner Familie in der Stadt beim Einkaufen sieht. Schlimm sind die einsamen Wochenenden und Feiertage wie Ostern oder Weihnachten. Zu diesen Zeiten geht es ihr besonders schlecht, denn alle Leute verbringen ihre Zeit mit den Liebsten, während sie alleine vor dem Fernseher sitzt. Sie darf ihren Liebsten daheim nicht anrufen und auch keine SMS schreiben. Das ewige Warten auf einen Anruf von ihm zermürbt sie. Dann ist da die Ferienzeit. Herbert macht mit seiner Familie Urlaub in Frankreich, Veronika geht ins Freibad zum Schwimmen. Oft hört sie dann tagelang nichts von ihm. Sexuell liefe zwischen ihm und seiner Frau angeblich schon lange nichts mehr, beteuert er ständig. Doch Veronika traut ihm nicht so recht. Auch verspricht er fortwährend, sich jetzt scheiden lassen zu wollen. Einmal wollte er noch die Krankheit seiner Frau abwarten, ein anderes Mal es ihr nach ihrer Operation sagen. Dann wieder sollte der Urlaub herhalten. Doch nichts dergleichen geschieht. Veronika ist sauer, übt manchmal einen sanften Druck aus, doch alles ist vergebens: Herbert lässt sich nicht scheiden. Warum ist das so?

Erstens sind Männer, wie wir gehört haben, in der Regel grundsätzlich feige. Sie scheuen Konflikte, Wutausbrüche und Enttäuschungen seitens der Ehefrau. Warum scheiden lassen, wenn es so auch funktioniert? Männer fahren gerne zweigleisig, sie setzen sich gerne in zwei Nester gleichzeitig. So können sie beide Vorteile genießen: Das Altbewährte, die Sicherheit und das Vertraute daheim und das Abenteuer mit einer Maitresse, die sexuell aufregend und begehrlich erscheint. So können sie Ehemann und Liebhaber gleichzeitig sein, wenngleich das manchmal ganz schön anstrengend und gefährlich ist. Doch genau das lieben die Männer: die Gefahr. Es ist einfach aufregend, sich wegschleichen oder lügen zu müssen. Geheimer Sex ist aufregender, das Treffen in einem Hotel verruchter und daher erfüllender. Doch traue keinem Mann, der sagt, er hätte daheim keinen Sex mehr! Das stimmt meistens nicht. Alte Gewohnheiten möchte man(n) nicht aufgeben und außerdem würde es auffallen und die Frau stutzig machen. Nein, nein, die meisten Männer haben weiterhin biederen Sex daheim. Im Einzelfall kann das heimelige Sexualleben sogar noch aufregender werden. Daher sollte man als Ehefrau stutzig werde, wenn plötzlich neue Sexpraktiken ins Spiel kommen. In der Regel aber wird das heimische Sextreiben eher nachlassen.

Dann ist da die große finanzielle Frage: Eine Scheidung ist teuer, sehr teuer sogar, und je mehr Geld der Mann hat, desto mehr muss er bluten. Dann gibt es vielleicht einen Ehevertrag, der für ihn nachteilig ist. Vielleicht verliert er den Großteil seiner Firma, vielleicht sein Haus oder ein Grundstück. Das alles opfern für vier Stunden tollen Sex in der Woche? Das wird sich jeder Mann genau überlegen. Schließlich mögen auch religiöse Gründe eine Rolle spielen, hat er doch einmal „Bis der Tod euch scheidet" geschworen. Soll er diesen Schwur jetzt brechen? All diese Gründe führen oft dazu, dass sich selbst Männer, die von ihren Frauen bereits jahrelang getrennt leben und mittlerweile mit ihrer Freundin eine Lebensgemeinschaft eingegangen sind, nicht scheiden lassen. Dabei hat die Geliebte keinerlei Rechte, selbst wenn die Trennung schon seit Jahren besteht und die Ehefrau auf einem anderen Kontinent lebt - streng genommen hat sie juristisch das alleinige Verfügungsrecht über den Mann. Sie darf zu ihm, wenn er im Spital am Totenbett liegt, sie darf ihre Wünsche äußern, wenn es darum geht, die lebensverlängernden Maßnahmen zu beenden. Sie hat das Sagen, wenn es um die Pflege geht. Die Geliebte ist juristisch gesehen eine unbeteiligte Dritte, wenngleich das heute in der Praxis nicht immer so gehandhabt wird.

Auch im Falle des Todes des Mannes geht sie leer aus, es sei denn, sie ist im Testament bedacht worden.

Die besten Chancen auf eine Scheidung hat die Geliebte, wenn die Trennung von der

Frau ausgeht. Männer sind in einer Dreiecksbeziehung oft ungeschickt und nachlässig. Frauen spüren es, dass mit ihren Männer etwas nicht stimmt. Sie kommen ihnen auf die Schliche und lassen sich nicht selten scheiden. Jetzt macht die Frau den ersten Schritt und nimmt dem Mann die Entscheidung ab. Doch selbst dann kämpfen die Männer plötzlich wieder um ihre Frauen, es sei denn, die Beziehung ist schon zerrüttet.

Wie geht es mit Veronika und Herbert weiter? Sie wird sich entscheiden müssen: Entweder bleibt sie seine Geliebte oder sie macht Schluss, doch zu diesem Schritt können sich nur die wenigsten Frauen entschließen.

Wie steht es um die Treue des Mannes?

Jede Frau wünscht sie sich, jeder zweite Mann bricht sie: Die Treue des Mannes. Experten schätzen, dass 90 Prozent der Männer im Laufe ihres Lebens fremdgehen, bei den Frauen sind es 75. Die Liebe ist monogam, nur der Mensch ist es leider nicht. Speziell beim Mann liegt es seit Urzeiten in den Genen, für Nachkommenschaft zu sorgen und seinen Samen möglichst weit zu verstreuen. Dabei ist die entscheidende Frage nicht, warum er eigentlich nicht treu sein kann, sondern warum unser Beziehungsideal auf einer Lüge begründet ist, nämlich auf der Unwahrheit, dass wir uns immer treu sein werden. Natürlich gibt es die ewige Treue, auch bei gewissen Tieren gibt es sie, aber sie ist zunehmend seltener geworden. Wenigstens gibt es die Treue auf Zeit. Daher ist der Satz „Bis der Tod euch scheidet" nicht mehr zeitgemäß. 50 Prozent der heute geschlossenen Ehen gehen zu Bruche. Ist es vielleicht gar nicht die Untreue, die Ehen kaputtmacht, sondern die unrealistische Erwartung, dass Sex nur innerhalb der Ehe stattfinden soll. Es zerstört schließlich nicht die Untreue unsere Partnerschaften, sondern die falsch verstandene Treue. Tatsache ist, dass Untreue schmerzt, tief verletzt, wehtut, das Selbstbewusstsein knickt und unser Vertrauen tief erschüttert. Erfährt man vom Seitensprung des Partners, zieht es einem den Boden unter den Füßen weg, man stürzt in unermessliche Tiefen.

Wovon hängt es ab, ob ein Mann treu bleibt? Es komme doch auf die Länge an, kann man da nur auf die Anspielung auf das beste Stück des Mannes sagen: Schwedische Forscher haben in Tierversuchen festgestellt, dass die Treue von Wühlmäusen davon abhängig ist, wie lange ein Genrezeptor ist, der für die Ausschüttung von Vasopressin im Gehirn beim Geschlechtsverkehr verantwortlich ist. Je länger der Rezeptor, desto treuer die Maus. Bewirkt daher häufiger Sex mit der Partnerin mehr Treue? Natürlich spielen auch die Erziehung, das soziale Umfeld und der Glaube eine große Rolle, wenn es um die Treue geht. Konflikte in der Kindheit oder das sich von den Eltern nicht Lösen können führen nicht selten zu notorischen Fremdgängern. Ein religiöser Mensch wird sich schwerer tun, seine Partnerin zu betrügen. Auch das Alter mag eine Rolle spielen: Alte Menschen werden sich wahrscheinlich eher treu sein als junge. Der Sexualtrieb und der Wunsch auf Anerkennung werden in den jüngeren Jahren ausgeprägter sein. Muss ich mich damit abfinden, dass man Partner untreu werden könnte? Die Antwort ist ein klares „Ja!" Jeden Tag, zu jeder Zeit kann mein Partner fremdgehen, für die Treue gibt es keine Garantie. Dabei sollte man schon unterscheiden, ob es ein einmaliger Seitensprung war, ein sexueller Ausrutscher, oder eine ernsthafte Liebschaft. Einmalige sexuelle Abenteuer sind aus der Sicht des Mannes als eher ungefährlich anzusehen, wenn es um den Weiterbestand der Partnerschaft geht. Die meisten Männer und wahrscheinlich auch viele Frauen suchen in diesem Seitensprung eine Selbstbestätigung. Vielleicht ist der Sex daheim zur Gewohnheit geworden oder eingeschlafen. Eine außereheliche Auffrischung ist nötig. Diese einmaligen Seitensprünge sollten nicht gebeichtet werden. Dies würde nur unnötig viel Porzellan zerschlagen. Bei einer echten Liebschaft hingegen ist das Problem wesentlich größer. Hier wird man um eine Aussprache nicht herumkommen.

Sind die Männer nun treu? Aus dem Gesagten geht schon hervor: Nein, sie sind es in der Regel nicht. Aber es gibt eine Treue auf Zeit. So kann eine Partnerschaft über viele Jahre hinweg glücklich und in innigster Eintracht bestehen. Je besser die Beziehung funktioniert, desto geringer die Wahrscheinlichkeit eines Seitensprungs. Aber Garantien gibt es keine. Auch die beste Ehe ist kein Garant dafür, dass die Partnerschaft hält. Wie kann ich feststellen, ob mir mein Freund oder Ehemann treu ist? Das ist schwierig aber möglich, wenngleich es unmoralisch und verwerflich ist. Im Internet tummeln sich Angebote von sogenannten Treueagenturen, die Mädchen auf Ihren Mann ansetzen. Dabei wird nur geflirtet und das Mögliche ausgereizt, wenngleich es zu keinen Küssen oder gar zum Geschlechtsverkehr kommt.

„Wenn einem die Treue Spaß macht, dann ist es Liebe!", meint Julie Andrews.

Woran erkenne ich, ob es ein Mann ernst meint?

Liebe oder Lüge - das fragen sich die meisten Frauen mindestens einmal im Leben. Sucht er nur ein schnelles Abenteuer, einen sexuellen Seitensprung oder meint er es wirklich ernst?

Sie haben jemanden kennengelernt, ja finden ihn wirklich toll und lieben ihn. Nun stellt sich die Frage, ob er ernste Absichten hat. Kann man das erkennen? Ja, man kann, wenngleich es oft nur Kleinigkeiten sind, die darauf hinweisen. Ein wirklich interessierter Mann wird darauf achten, dass es Ihnen gut geht. Er wird sie fragen, ob sie hungrig oder durstig sind, ob Ihnen zu warm oder zu kalt ist, ob Sie glücklich sind, etwas Besonderes unternehmen wollen oder sonst einen Wunsch haben, den er erfüllen könnte. Verliebte Männer sind sehr fürsorglich. Schenkt er Ihnen manchmal Blumen? Wenn er sie liebt, so wird er Sie bei jeder nur möglichen Gelegenheit berühren wollen. Er wird neben Ihnen sitzen und während des Gespräches ihren Rücken streicheln oder Ihren Arm berühren. Zärtliche Männer sind nicht unbedingt häufig, daher ist das ein wichtiges Indiz für seine Fürsorge. Sucht er mit Ihnen öffentliche Orte und Lokale auf, wobei die Wahrscheinlichkeit groß ist, von seinen Freunden und Bekannten gesehen zu werden? Oder spielt er mit Ihnen ein merkwürdiges Versteckspiel? Schlagen Sie ihm das nächste Mal einen Treffpunkt vor, bei dem Sie sicher sind, seine Kumpels zu treffen. Hat er diesbezüglich Ausreden? Verdächtig! Stellt er Sie seinen Verwandten vor? Wenn ja, so ist das weiterer Pluspunkt. Schickt er ihnen grundlos SMS oder ruft Sie an, bloß um Ihre Stimme zu hören? Gutes Zeichen! Sie sollten nicht gleich mit ihm ins Bett gehen, wenn Sie sicher sein wollen, dass er es ernst meint. Vorsicht ist geboten, wenn er aber darauf drängt und kein Verständnis für Ihre anfängliche Zurückhaltung hat.

Schauen Sie sich seine Freunde an! Besteht seine Clique aus Womanizern, die Frauen zum Vergnügen abschleppen und es mit der Treue nicht so ernst nehmen? Es muss nicht sein, dass er deshalb auch so ist, denn Ihr Traumprinz könnte die Ausnahme darstellen, aber es ist immerhin ein verdächtiges Zeichen. Wie spricht Ihr neuer Schwarm über seine Ex-Freundinnen? Erzählt er, das wären alles verrückte Frauenzimmer, Zicken, Kletten oder kindische Hühner? Spricht er so über seine Verflossenen, so zeugt das nicht unbedingt von Reife, Ehrlichkeit und Beziehungsfähigkeit. Oder wollen Sie in seinem Stall die nächste Henne sein? Er meldet sich tagelang nicht und steht dann plötzlich vor Ihrer Tür, wenn er etwas getrunken hat? Er überhäuft Sie mit Komplimenten, aber nur, wenn er angetrunken ist? Werfen sie dann am besten die

Türe vor der Nase zu, denn er ist nicht der Richtige für Sie! Wenn er Alkohol braucht, um Ihnen seine Liebe zu erklären und dafür tagelang einen Anlauf nehmen muss, suchen Sie sich am besten gleich einen neuen Partner. Klopft er Sprüche wie „Ich bin noch nicht bereit für eine feste Bindung, ich muss noch eine Trennung verarbeiten, mich zuerst auf meine Karriere konzentrieren",so nehmen Sie auch am besten gleich Reißaus, um sich spätere Enttäuschungen zu ersparen. Zeigt Ihr Traumprinz reges Interesse an Ihrem Leben? Redet er nicht nur von sich, sondern fragt er Sie oft nach Ihrem Privatleben? Will er wissen, wie Sie denken und fühlen, welche Vorlieben Sie haben und wie Sie sich Ihre weitere Zukunft vorstellen? Sucht er häufig den Blickkontakt mit Ihnen, hat er einen Glanz in seinen Augen? Augen sagen oft mehr als tausend Worte. Aber Achtung: Mit Schmetterlingen im Bauch sieht man vieles, was man sehen will, obwohl es nicht da ist! Ist Ihr neuer Freund stets für Sie da, auch in der Nacht? Bringt er sich nachts nachhause, wartet er, wenn es regnet, mit einem Schirm auf Sie, ist er auch sonst ein Gentleman? Stellt er Ihre Interessen hinter seine? Ändert er sein Leben für Sie? Respektiert er Sie, hält er, was er verspricht? Ist er ehrlich, trägt er Verantwortung und beschützt er Sie? Ist er treu und versucht alles richtig zu machen, um Sie nicht zu verlieren? Gratulation, Sie haben Ihren Traumprinzen gefunden!

Worin unterscheiden sich Männer von Frauen?

„**F**rauen können nicht einparken und Männer nicht zuhören", „Frauen reden ständig über Schuhe und Männer über Fußball" -

über diese Klischees wurden ganze Bücher geschrieben und Filme gedreht. Aber worin liegt wirklich der Unterschied zwischen Mann und Frau? Da gibt es einmal verschiedene körperliche Merkmale sowie Differenzen im Denken, Fühlen und Handeln. Männer sind im Durchschnitt schwerer und um zehn Zentimeter größer als Frauen. Sie haben im Verhältnis zum Körperstamm längere Arme sowie größere Hände, Füße und innere Organe. Sie haben ein größeres Herz-Lungenvolumen als Frauen und sind daher körperlich leistungsfähiger. Ihr Testosteronspiegel ist höher, damit ist ihre Stimme tiefer, die Körperbehaarung ausgeprägter und die Muskelmasse voluminöser. Möglicherweise ist dieses Sexualhormon auch ausschlaggebend dafür, dass Männer einen stärkeren Sexualtrieb haben und aggressiver sind, denn fest steht, dass Gewalttaten wesentlich häufiger von Männern als von Frauen begangen werden. Die Haut der Frau ist dünner und elastischer, das hilft bei der Schwangerschaft. Ebenso ist das Becken wesentlich breiter, damit der Kopf des Kindes bei dessen Geburt durchpasst. Frauen leben im Durchschnitt fünf

Jahre länger. Die durchschnittliche Lebenserwartung in unseren Breiten liegt bei 82 Jahren, beim Mann sind es nur 77 Jahre. Das männliche Gehirn ist um zwölf Prozent schwerer als das weibliche und die Großhirnrinde hat um 16 Prozent mehr Nervenzellen. Das führt aber nicht dazu, dass die Frauen weniger intelligent sind, sie kompensieren dieses Manko durch eine Aktivierung von mehreren Hirnarealen. Frauen sind zwar generell schwächer als Männer, aber sie sind besser in der Feinmotorik, zum Beispiel beim Häkeln oder Stricken. Frauen sind tatsächlich insofern sensibler als Männer als sie Berührungen und Gerüche stärker wahrnehmen können. Dafür haben Männer ein besseres räumliches Vorstellungsvermögen und können Bewegungen konkreter Einschätzen. Das spricht für einen besseren Orientierungssinn und hilft vielleicht deshalb auch beim Einparken. Männer finden sich in einer fremden Stadt schneller zurecht als Frauen. Dafür können sich Frauen nach einer Reise an bestimmte Sehenswürdigkeiten erinnern. Es gibt auch Unterschiede in den Denkstrukturen: Frauen denken eher empathisch, also einfühlsam, Männer eher systematisch in Schemata. Sie gehen auch unterschiedlich an eine Problemlösung heran. Hier ein Beispiel:

Martha fährt zur Arbeit und beim Einparken verursacht sie einen kleinen Kratzer an einem fremden Auto. Da sie das Geschehen nicht wahrhaben will und auch in Zeitnot ist, hinterlässt sie weder einen Zettel an dem Auto noch geht sie zur Polizei. Am Abend erzählt sie die Angelegenheit ihrem Freund Peter und der reagiert folgendermaßen: „Blöd gelaufen, aber sehen wir, wie wir das Problem lösen können. Entweder wir gehen zur Polizei oder wir sehen nach, ob das Auto noch dasteht und hinterlassen einen Zettel". Bei Männern stehen die Problemlösung und das logische Denken im Vordergrund. Wäre Peter dieses Malheur passiert, so würde Martha vielleicht sagen: „Komm in meinen Arm, Schatz, blöd, dass das passiert ist, aber das ist ja gar nicht so schlimm. Ich bin für Dich da und Du weißt, dass wir gemeinsam alle Probleme lösen werden. Komm zu mir und kuscheln wir auf dem Sofa. Sind wir froh, dass nicht mehr passiert ist". Frauen ist es vorerst gar nicht so wichtig, das Problem zu lösen, sondern in der weiblichen Welt geht es vielmehr um Beziehungen, Gemeinsamkeiten und ein Füreinander. Sie geben vielmehr eine seelische und emotionale Unterstützung.

Isabella telefoniert morgens mit ihrer besten Freundin und erzählt: „Gestern war ich mit meinem Freund Paul in der Stadt einkaufen. Während ich neue Schuhe probierte, saß er in einer Kneipe und trank mehrere Bier. Als ich mich endlich für neue Sommersandalen entschieden hatte und ihn anschließend abholte, war er sauer. Ich sagte ihm, dass ich ihn liebe, aber er blieb stumm. Warum nur ist er in letzter Zeit so wortkarg? Als wir dann heimkamen, hatte ich das Gefühl, dass ich ihn verloren hätte. Er saß schweigsam da und sah fern, während ich ins Bett ging. Nach einer halben Stunde kam er nach und ich versuchte ihn zu verführen und wirklich, wir haben uns geliebt. Danach schlief er ein. Ich weinte, denn irgendwie hatte ich das Gefühl, dass er eine andere hat. Ich habe die ganze Nacht nicht geschlafen."

Paul hingegen schreibt am nächsten Tag die selbe Situation betreffend in sein Tagebuch: „FC Bayern hat gestern leider verloren, dafür hatte ich tollen Sex".

„Ein Mann ein Wort, eine Frau ein Wörterbuch" - stimmt dieses Klischee? Leider ja. Männer sind im zwischenmenschlichen Bereich weniger kommunikativ als Frauen. Sabine ist 30 Jahre alt und arbeitet im Haus, Max ist 35 und im Büro tätig. Die beiden sind seit fünf Jahren verheiratet und haben zwei kleine Kinder. Sabine hat tagsüber viel Zeit zum Nachdenken: „In den vergangenen Monaten stimmt etwas in unserer Beziehung nicht. Wir unternehmen kaum mehr was zusammen, gehen praktisch nicht mehr aus und besuchen kaum ein Fest. Max macht seit Wochen irgendwie einen gedrückten Eindruck. Vielleicht hat er Probleme im Beruf. Heute Abend werde ich endlich mit ihm darüber sprechen. Ja und da sind ja noch so viele andere Dinge, die zu bereden wären: Wohin sollen wir heuer auf Urlaub fahren? Welches Kleid soll ich nächstes Wochenende zur Hochzeit meiner besten Freundin anziehen? Das Kinderzimmer wäre wieder zu streichen und der Wasserhahn tropft." Tausend Gedanken gehen Sabine durch den Kopf, während sie bügelt, die Fenster putzt und die Kinder vom Kindergarten abholt. Gott sei Dank kommt Max heute früher aus der Arbeit heim, denkt sie sich und bereitet für ihn seine Lieblingsspeise zu: Wienerschnitzel mit Kartoffelsalat. Endlich kommt Max nachhause. Mit einem „Na das war heute vielleicht ein Tag", holt er sich ein Bier aus dem Kühlschrank und wirft sich auf das Sofa. Nun will Sabine endlich mit ihrem Mann reden, doch mehr als ein „Mmmh, ja vielleicht, wenn Du meinst", kommt ihm nicht über die Lippen. „Liebling, so sag doch einmal etwas dazu", fordert Sabine ihn auf, doch der nuckelt nur an seinem Bier und dreht den Fernseher an. „Morgen ist auch ein Tag, lass uns morgen darüber reden" ist der längste und letzte Satz, den er dazu zum Besten gibt. Doch Max kann reden wie ein Buch, wenn es um seinen Beruf, die Wirtschaftslage oder Fußball geht. Speziell in der Kneipe nach zwei oder drei Bier blüht er auf, auch im Berufsleben kann er Vorträge halten, ist eloquent und redselig. Aber daheim herrscht großes Stillschweigen.

Männliche Sprachlosigkeit prägt viele Partnerschaften. Frauen wollen sich über ihre Gefühle austauschen, aber Männer sind dazu nicht in der Lage. Für Frauen ist es eine große Erleichterung, sich die eigenen Probleme von der Seele zu reden, auch wenn es dafür keine Lösungen gibt. Männer hingegen wollen mit ihren Problemen selber fertig werden. Die mangelnde Kommunikation geht dabei auf Kosten der Beziehung. Außerdem sollten Männer lernen, die Signale der Frauen zu verstehen. Diese reden oft verschlüsselt. Ein „In der Stadt hat ein neues Restaurant eröffnet", heißt „Willst Du mit mir nicht wieder einmal schick essen gehen?" Männer sind da direkter.

Woran Männer denken, aber es nicht sagen

Männer denken anders als Frauen. Die Gehirne von Männern und Frauen sind unterschiedlich verdrahtet. Frauen haben mehr Verbindungen zwischen beiden Gehirnhälften, während bei Männern innerhalb einer Gehirnhälfte die Kanäle ausgeprägter sind. Frauen denken daher mit beiden Gehirnhälften, Männer speziell mit einer. Männer denken analytisch und schematisch, sie kommen schneller auf den Punkt und reden Klartext. Frauen denken eher empathisch, also einfühlsam und reden eher um den heißen Brei herum.

Woran denken aber Männer? „Schatz, was denkst du gerade?" - dieser Satz nervt uns Männer und wird folglich mit einem „an nichts" quittiert. Männer haben nicht das Verlangen, ihre Gedankenwelt preiszugeben. Meist sind es ja nur ganz banale Dinge, die uns gerade durch den Kopf gehen: die Handyrechnung oder die Bundesligatabelle etwa. „Männer denken immer nur an Sex" - dieses Klischee ist natürlich falsch. Ganze 18-mal täglich denkt der Durchschnittsmann an Sex, das sind gerade mal fünfzehn Minuten vielleicht. Der Großteil der Gedankenwelt dreht sich um das Berufsleben. Was denkt der Mann aber in der partnerschaftlichen Beziehung, ohne es zu sagen? Hier ein paar

Beispiele: „Hör doch endlich einmal auf zu tratschen! Erzähl deine Geschichten jemand anderem! Das interessiert mich nicht. Hör endlich auf, mir laufend Fragen zu stellen! Lass mich einfach nur in Ruhe! Geh einkaufen oder erledige sonst etwas!" Männer haben ein stärkeres Bedürfnis, alleingelassen zu werden als Frauen. Sie möchten in ihrer eigenen Gedankenwelt verharren und diese niemandem mitteilen. „Warum muss ich beim Sex immer die Initiative ergreifen?", fragt sich so mancher Mann heimlich. Männer haben es gerne, wenn Frauen diesbezüglich aktiv werde, trauen sich das aber niemals zu sagen. Das ist natürlich schlecht. Gerade über das Sexualleben sollte mehr gesprochen werden. „Hör bitte auf, mich ständig zu erinnern, was im Haushalt noch alles zu machen wäre. Nimm selbst den Bohrer in die Hand", wünscht sich ein Mann oftmals. Wir Männer wissen selbst, was daheim zu reparieren ist, wollen den Zeitpunkt aber selbst bestimmen. Der Gedanke „Du wirst immer dicker" ist unfair angesichts des eigenen Bierbauchs. „Lass endlich mich bestimmen, was wir im Fernsehen ansehen! Heute wird Fußball geguckt und nicht Dein Liebesfilm", ist auch etwas, das Männer manchmal durch den Kopf geht. Ein Zweitfernseher wäre da die Lösung, aber wir Männer sind zu bequem und geizig, einen zu kaufen. „Bitte schlepp mich nicht schon wieder zum Einkaufen mit! Mich interessieren deine Shopping-Marathons nicht. Außerdem muss ich das dann auch noch bezahlen", hat sich vermutlich auch jeder Mann schon einmal gedacht, denn Shoppen zu gehen ist für die meisten Männer die größte Strafe. Hier fehlen uns offenbar die richtigen Hirnwindungen dafür. „Dein Essen schmeckt heute grässlich", denken wir relativ häufig. Wir Männer haben andere Essgewohnheiten als Frauen: Wir haben gerne Deftiges und Fleisch. „Nicht schon wieder Kultur", denken Männer regelmäßig, denn viele Männer gehen nicht unbedingt gerne ins Kino, Theater, in die Oper oder zu einem Konzert. Sie verlassen ungern ihre Komfortzone vor dem Fernseher. „Du hast kalte Füße", ärgern sich viele Männer häufig. Frauen haben kalte Füße - das ist nun einmal so. Frauen frieren leichter als wir. Aber wir finden das im Bett eklig. „In dem Kleid, das Du heute anhast, siehst du grauenhaft aus", ist ebenfalls ein oft gedachter, nie gesagter Satz. So wie „Schick mich nicht schon wieder zum Einkaufen! Ich hasse es, in Supermärkten herumirren zu müssen."

Diese Gedanken gehen uns Männern laufend durch den Kopf und trüben unseren partnerschaftlichen Alltag. Und woran denkt Ihr Frauen?

Männer waschen sich nur für die Frauen, oder?

In meinem letzten Buch „*Warum Frauen duften und Männer stinken*" schrieb ich ausführlich über die Hygiene des Mannes. Hier ein Kapitel daraus:

Männer sind schmutziger als Frauen. Es klingt wie ein Klischee, ist aber die bittere Wahrheit: Männer legen offenbar weniger Wert auf Hygiene und Sauberkeit als Frauen.

Nach einer Online-Umfrage der Männerzeitschrift „Men Health" wechseln 49 Prozent der Befragten nur einmal im Monat die Bettwäsche, 9 Prozent sogar nur einmal im Jahr. In amerikanischen Toiletten wurden per Videokamera Aufnahmen zum Waschverhalten der Amerikaner gemacht. Jeder dritte Mann verzichtet auf das Händewaschen nach dem Gang zur Toilette. Bei den Frauen ist es nur jede zehnte. Wurden Männer aber danach befragt, so gaben sie zu 98 Prozent an, sich die Hände gewaschen zu haben. Das stinkt zum Himmel: 38 Prozent der Männer in Deutschland wechseln nach einer anderen Umfrage nur alle paar Tage ihren Slip und mit zunehmenden Alter wird es immer schlimmer. Bei Frauen hingegen sind es nur 19 Prozent. Im Alter von 14 bis 34 Jahren wechseln sogar neun von zehn Frauen täglich ihren Slip. Auf wirkliche Stinker trifft man aber nur selten. Müffelfaktor Unterhose: Immerhin wechseln fünf Prozent der Männer nur einmal pro Woche ihren Slip. Bei der Körperpflege bestehen allerdings keine großen Unterschiede: 39 Prozent der Frauen duschen täglich, bei den Männern sind es 37 Prozent. Bei den über 55-Jährigen klettern allerdings nur mehr 16 Prozent der Männer und Frauen täglich in die Dusche.

In puncto Sauberkeit liegen die Männer nur bei den Haaren vorne: 24 Prozent greifen täglich zum Shampoo, bei den Frauen sind es nur 16. Bei den wenigen Haaren, die viele Männer haben, wird sich frau denken, ist das Haarewaschen ein Klacks. Kein Wunder also.

Warum aber sind Männer unsauberer als Frauen? Haben Sie sich das schon einmal gefragt? Vielleicht weil sie bei der Arbeit von Haus aus dreckiger werden, mehr schwitzen, mehr Ausdünstungen haben. Ein Mechaniker, ein Kohlebergarbeiter, ein Rauchfangkehrer, ein Fischereiarbeiter - sie alle kommen am Abend durch und durch dreckig und vielleicht auch stinkend nachhause. Vielleicht sind sie dann einfach nur zu bequem und faul, sich täglich gründlicher zu reinigen als der Durchschnittsmann. Das kann sich bald zu einer Stinkbombe summieren. Oder ist es eher genetisch bedingt? Nach Umfragen haben Frauen mehr Angst vor

Bakterien, ansteckenden Krankheiten und empfinden eher Ekel als Männer. Frauen vermeiden das Berühren von Haltegriffen und Kopfstützen in Straßenbahnen, ja sie vermeiden sogar eher den Händedruck als die Herren der Schöpfung. Ein Drittel der Frauen verspürt auch nach der Benutzung von Bankomaten oder Fahrscheinautomaten den Drang, sich die Hände waschen zu wollen.

Sicher ist der Reinlichkeitsdrang auch Erziehungssache. Kinder neigen von Haus aus zum Schmutzigsein. Werden Mädchen eher zur Reinlichkeit erzogen als Knaben? Böse Zungen behaupten, dass Männer sich nur für die Frauen waschen und nicht einmal das. Jeder vierte Mann wäscht sich nicht einmal vor dem Sex.

Die männliche Selbstbefriedigung

„Masturbation ist Sex mit jemandem, den ich wirklich liebe", sagte Woody Allen einmal und unterstrich damit die Wichtigkeit dieser Betätigung. 94 Prozent der Männer und 80 Prozent der Frauen masturbieren und das auch in einer glücklichen Partnerschaft - Männer zweimal wöchentlich bis mehrmals täglich. Die Selbstbefriedigung ist dabei etwas ganz anderes, ja wird sogar manchmal intensiver als der Geschlechtsverkehr empfunden. Mann und Frau kennen ihre körperliche Begierden und Reaktionen, ihre Anatomie und sexuellen Wünsche eben selbst besser als der Partner. „Die Sexualität, die wir in unserer Partnerschaft und mit anderen Menschen erleben, ist nur der kleinste Teil unserer Sexualität", sagt die Sexualtherapeutin Heike Pinne. „Die Autoerotik bietet eine gute Gelegenheit, um sexuelle Wünsche und Fantasien auszutesten", meint sie weiter. So manche Frau wurde erst durch die Selbstbefriedigung orgasmusfähig. Eine gute Beziehung zur eigenen Lust am eigenen Körper ist deshalb wichtig für richtig viel Spaß am Schäferstündchen. Die Masturbation wird oft als Not-Instrument für Männer dargestellt, die ihren Samen loswerden wollen und es nicht abwarten können, wieder Sex zu haben. Das ist ein Irrglaube. Außerdem ist sie gesund. Sie führt zu einem ausgeglichenen Seelenleben, macht glücklich und entspannt, stärkt bei Männern die Muskulatur, beugt Prostatakrebs vor und hält die Genitalien in Schuss. Auch der Penis muss wie jedes Organ trainiert werden, sonst verkümmert er. Außerdem wird dabei Testosteron ausgeschüttet, was wiederum die Potenz fördert. Dass man durch häufiges Onanieren seine Potenz verliert, ist genauso wenig wahr wie das spontane Erblinden, vor dem uns unsere Großmutter gewarnt hat. Mithilfe des Solo-Sex kann man schließlich hervorragend Stress abbauen und nebenbei noch das Immunsystem stärken. Frustonanie kommt besonders bei jüngeren Männer vor. Es ist eine angenehme Art, Dampf abzulassen und bewirkt ein angenehmes Müdigkeitsgefühl. Es kann auch ein Belohnungsinstrument sein, für viele Männer ist es aber eine Flucht in die Fantasie. Natürlich kann es auch einmal eine Ersatzhandlung sein, zum Beispiel bei Gefangenen oder Heiminsassen. Ein richtiger Hand-Job verbraucht 150 Kalorie - das entspricht dem Treppensteigen über mehrere Stockwerke, fünfzehn Minuten Schwimmen oder zwei Kilometern laufen. Es ist also auch für das Herz-Kreislaufsystem und das Abnehmen gut, sich selbst zu befriedigen. Auch viele Tiere masturbieren: Hunde, Schimpansen oder das Stachelschwein. „Es ist sicher kein Zufall, dass beim Mann die Hände, wenn die Arme lose herabhängen, direkt in der Höhe des Penis sind", sagt der amerikanische Sexualforscher Robert Pollak.

Wie bei der Frau, so wird auch beim Mann die Selbstbefriedigung in erster Linie mit der Hand oder den Fingern durchgeführt, dabei gibt es die verschiedensten, etwa an die zwanzig, Techniken. Am häufigsten in wohl die Grifftechnik: Dabei wird der Penis mit der Faust umgriffen und die Penishaut in variabler Geschwindigkeit vor- und zurückgeschoben. Wie bei der Frau gibt es auch Sexspielzeuge wie Vibratoren, Vagina-Nachahmungen, Dildos, Staubsauger, Massage-brausen, Klorollen oder Sexpuppen. Es gibt kaum einen Gegenstand, der nicht zur Onanie herhalten muss. Besonders Fetischisten gebrauchen dabei häufig die Unterwäsche ihrer Partnerin, Stiefel, Schuhe, Strümpfe, Eiswürfel, heißes Wasser oder Ähnliches. Besonders findige Männer verwenden Niedervoltstrom bei der so genannten Elektrosti-mulation, gelenkige Männer führen auch eine Auto-fellatio durch, also eine orale Selbststimulation. Autoerotische Unfälle, ja sogar Todesfälle kommen vor, sei es durch das Sexspielzeug - Stichwort Staubsauger - oder durch Elektrostimulation, Bon-dage oder der in jüngster Zeit häufig verwendeten autoerotischen Asphyxiation, sprich Strangulation. Etwa 100 derartige Todesfälle pro Jahr gibt es in Deutschland.

Ein wesentlicher Bestandteil der Masturbation sind die Sexualfantasien, die dabei ins Spiel kom-men. Darüber wurde schon berichtet. Insgesamt gilt jedenfalls: Solosex ist immer noch besser als gar kein Sex.

Männerfreundschaften

Warum halten echte Männerfreundschaften länger als so manche Freundschaft unter Frauen? Von wegen Fußball und Biertrinken gehen! Männerfreundschaften sind intensiver und dauern länger als die von Frauen. Während Frauen sich streiten, auseinandergehen, sich wieder versöhnen, laufen Freundschaften zwischen Männern kontinuierlich, und das über lange Zeit. Nach einer Studie des Münchner Instituts für Rationelle Psychologie lernen 40 Prozent der Männer ihren besten Freund bereits während der Schulzeit kennen. Männer reden zwar weniger als Frauen, aber vielleicht streiten sie deshalb auch nicht so oft. Gemeinsame Interessen verbinden. Während Frauen oft andere Interessen haben als Männer, so verstehen sich echte Kerle blendend untereinander. Sie reden über Politik, Wirtschaft, Autos, Internet, über Ihren Beruf, Sport und natürlich auch über Frauen. Und bei Letzteren sind sie sich einig: Was Frauen betrifft, müssen die Männer zusammenhalten. 60 Prozent der bei oben genannter Studie befragten Männer würden sogar ihre Frau für ihren besten Kumpel versetzen.

Im Beruf sind Männer zwar die schärfsten Konkurrenten, aber sie halten sich im Gegensatz zu Frauen an gewisse Spielregeln. Es wird zwar getreten, gestrampelt und gemobbt, was das Zeug hält, aber alles in einem gewissen Rahmen. Man(n) denkt sich: Morgen könnte es mich treffen, also besser nur gedämpft hinhauen. Bei Frauen ist das zügelloser, sie kratzen sich die Augen bis zum bitteren Ende aus.

Männerfreundschaften hingegen sind dadurch gekennzeichnet, dass Männer sehr viel miteinander unternehmen. Sie gehen gemeinsam zum Fischen, auf die Jagd oder zum Sport. Dabei reden sie wesentlicher weniger als Frauen untereinander. Zwischen zwei Freundinnen hingegen wird in erster Linie gelabert ohne Ende und gemeinsame Unternehmungen spielen nur eine geringere Rolle.

Am heiligsten sind Männerfreundschaften in einer Gruppe, in einer Clique, in einem Club oder bei einem Verein. Hier sind die Herren der Schöpfung unter sich und gehen gemeinsamen Interessen und Hobbys nach. Sei es beim Fußballverein, beim Harley-Davidson-Club, bei der Bundeswehr, einer schlagenden Verbindung oder in einer reinen Männersauna. Hier findet man noch echte Männer, die zusammenhalten als gelte es die Welt zu retten. Hier werden gemeinsam Kisten von Bier geleert, in Uniformen lauthals Lieder gebrüllt und die Frauen erniedrigt. Hier wird getanzt und letztlich gemeinsam am Klo gekotzt. Wir sind Gleichgesinnte, Blutsbrüder und Leidensgenossen! Nichts kann uns mehr trennen! Das sind die wahren Abenteuer von heute. Das gibt es bei Frauen nicht.

Im Alter sind Männerfreundschaften noch intensiver, hat man doch das gleiche Leid zu klagen: Alles wird schwächer, schlechter und kleiner, nur die Prostata wird größer. Man sitzt mit seinem besten Freund im Gasthaus, beschwört alte Zeiten und klagt über die schwindende Manneskraft. Bekannte und Freunde im Umfeld sterben, so klammert man sich an den einzigen Menschen, den man noch hat: seinen besten alten Kumpel.

Der Mann als Vater

Der Mann von heute soll ein traditioneller Versorger, ein treuer Partner, ein toller Lover und ein fürsorglicher Vater sein. Diese Vierfachbelastung scheuen nicht wenige Männer.

Clara, 25 Jahre alt, kennt ihren Dieter, 27, nun schon seit fünf Jahren. Dieser hatte sich knapp vor ihrer Begegnung von Martha, seiner vorigen Freundin, getrennt. Er mochte Martha sehr, aber sie war ihm zu fordernd geworden. Sie drängte auf Heirat und Kinder, während Dieter noch studierte und in einer Band spielte. Er war stets knapp bei Kasse und die Musik war sein Ein und Alles. Jetzt mit Clara ist es etwas besser. Mittlerweile hat er sein Studium beendet und arbeitet in einer Rechtsanwaltskanzlei. Vor einem Jahr brachte ihn Clara endlich so weit, dass er sie heiratete. Sie besitzen eine kleine, schmucke Wohnung, sind eigentlich recht glücklich, wenn da nicht die eine Kleinigkeit wäre: Dieter weigert sich beharrlich, Vater zu werden.

„Lass uns noch etwas warten, bis ich mehr verdiene! Ich bin noch nicht soweit", sind seine Ausreden, wobei er akribisch darauf achtet, dass Clara regelmäßig ihre Anti-Babypille schluckt. Clara ist verzweifelt, weint oft des nachts und auch der diesbezügliche Druck der Verwandtschaft wächst.

Wieso ist Dieter nicht bereit, Vater zu werden? Männer haben diesbezüglich eine Reihe von Ängsten. Denn Vaterwerden ist heutzutage mehr als eine Angelegenheit der Zeugung. Früher war der Vater in erster Linie ein Versorger, er schuftete, brachte das Geld heim, während die Frauen daheim die Kinder erzogen. Doch in der modernen Zeit wird vom Vater viel mehr erwartet: Neben seinem Job sollte er ein guter Ehemann und ein fürsorglicher Vater sein. Dabei muss er aber seine eigenen Interessen hintanstellen und dazu sind viele Männer nicht bereit. Sie wollen weiter das Fußballstadium besuchen statt mit dem Kinderwagen spazieren zu gehen. Sie wollen sich lieber mit Freunden treffen als das Baby zu sitten. Als Vater müssten sie aber ihre Bedürfnisse stark einschränken. Außerdem glauben 60 Prozent der Akademiker, dass sie in der heutigen Zeit Beruf und Familie nicht mehr unter einen Hut bringen können. Viele Männer sind aber auch ganz einfach feige und wollen keine Verantwortung übernehmen. Schließlich gibt es sicher auch Männer, die keine Kinder mögen - sie erscheinen ihnen lästig, laut und nervig. Außerdem befürchten viele Männer auch ökonomisch einschneidende Veränderungen. Kinder kosten Geld und das nicht wenig. Die biologische Uhr der Frau tickt, die soziale Uhr des Mannes ist noch nicht bereit: Wer bis zum 45. Lebensjahr kein Vater ist, wird es auch nicht mehr. Ausnahmen bestätigen die Regel.

Was Männer wirklich wollen

Wenn Männer in der Kneipe ihre Frauen daheim beschreiben, so hat das wenig mit Romantik zu tun. Sie nennen sie eine gute Mutter, eine exzellente Köchin und eine ausgezeichnete Haushälterin und genau diese Dienstleistungen wollen in erster Linie einmal alle Männer. Vor allem die älteren. Damit die Frau bereit ist, ihm diese Grundbedürfnisse auch zu erfüllen, ist er bereit, ihr gewisse Zugeständnisse zu machen: Er hört ihr oberflächlich zu, wenn es unbedingt sein muss, geht mit ihr gelegentlich romantisch essen und macht ihr das eine oder andere Kompliment, das sie gerne hört: „Du siehst heute fantastisch aus, ich liebe Dich, Du bist einzigartig. Ich werde Dir immer treu sein." Gleichzeitig hätte er aber neben dem Hausmütterchen auch gerne eine Sexbombe. Sex möchte er oft, aber mit möglichst wenig Anstrengung bekommen, sprich man(n) liebt es, wenn sie die Initiative ergreift und möglichst auch behält. Warum sonst lieben Männer den Blowjob so sehr? Männer wollen durch Sex belohnt werden. Er streicht die Garage, sie bläst ihm einen. Er geht mit ihr zum Shoppen, sie lässt ihn anal penetrieren. So einfach ist das. Wenn Sie als Frau erkennen, wann der Mann welche Bedürfnisse erfüllt bekommen möchte, so ist er leicht zu handhaben. Des Weiteren mögen die Männer, dass Frauen weitgehend wenig mit ihnen sprechen und sie in Ruhe lassen.

Wenn Sie das beherzigen, so werden sie Ihnen besonders dankbar sein. Was Männer aber vor allem wollen, ist von Ihnen geliebt und geachtet zu werden. Kuscheln Sie manchmal mit ihm und zeigen Sie ihm, dass er für Sie der tollste Mann der Welt ist. Das Selbstwertgefühl des Mannes zu stärken ist ganz wichtig. Natürlich stimmen auch folgende Klischees: Der Mann liebt Pornos abgöttisch, da man(n) optisch ausgerichtet ist. Wenn Sie ein feuchtes Pornoheft in seiner Schublade finden, so hat das nichts mit Ihnen zu tun. Männer lieben es noch mehr, sich selbst zu befriedigen als Frauen. Natürlich wollen Männer Sex mit einer anderen Frau, zumindest einen Dreier im Kopfkino. Männer wollen natürliche und starke Frauen. Sie wollen jedoch nicht gefragt werden, ob die neue Frisur, das neue Kleid oder die neuen Schuhe gefallen. Sie werden ohnedies jeweils nur ein Nicken als Antwort bekommen. Im Gegensatz zu Frauen, die eher statische Dinge bevorzugen, lieben Männer alles, was sich schnell bewegt: Autos, Flugzeuge, die Jagd und Actionfilme. Was Männer aber am meisten lieben, das ist ihre Mutter. Sorry, da kommt keine andere Frau heran.

Männergeheimnisse

Jeder Mensch hat seine kleinen Geheimnisse, Frauen ihre kleinen, Männer die großen. Wundert es, dass sie bei Männern vor allem sexueller Natur sind?

Männer haben nachts laufend spontane Erektionen, sei es ohne sexuelle Erregung oder mit. Wacht man(n) nun erregt auf, so gibt es drei Möglichkeiten: Entweder man liegt geil im Bett und martert sich ab oder man weckt seine Partnerin auf, um mit ihr Sex zu haben. Aber die schaue ich mir an, die davon begeistert wäre. Also bleibt nur eines: selbst Hand anzulegen. Dabei gibt es zwei Probleme: Erstens muss man sein Luststöhnen im Polster ersticken und zweitens: Wohin mit dem klebrigen Resultat? Also meine Damen, wenn Sie des Morgens eine große Lacke im Bett vorfinden, so seien Sie Ihrem Partner dankbar, dass er sie in der Nacht nicht geweckt und in Ihrem Schlaf gestört hat! Dasselbe Problem ergibt sich am Morgen. Wegen des erhöhten morgendlichen Testosteronspiegels und der vollen Harnblase kommt es zu einer Erektion beim Aufwachen. Unser kleines Geheimnis: die sogenannte Morgenlatte. Wenn Sie in der Früh die Beule in der Hose begrüßt, so wäre es der ideale Zeitpunkt für einen Quicky.

Natürlich gehen viele Männer heimlich in Pornokinos und Sex-Clubs und haben da entweder bisexuelle oder heterosexuelle Kontakte. Selbstverständlich gehen einige Männer heimlich zu Prostituierten oder rufen bei Seminaren oder Kongressen Escort-Girls aufs Hotelzimmer. Natürlich hat das absolut nichts mit Ihnen zu tun, klar verwenden sie dabei Kondome. Die meisten Frauen können dieses Handeln nicht nachvollziehen und stellen sich folgende Fragen: „Bin ich ihm nicht genug? Was haben diese Frauen, was ich nicht habe? Bin ich minderwertig?" Nichts davon trifft zu. Es ist einfach eine Tatsache, dass Männer einmal einen anderen Frauenkörper ansehen wollen, ja vielleicht einmal andere Sexpraktiken durchführen möchten, die daheim auf Unverständnis treffen würden. Vor allem Fetischisten befriedigen mit Lederstiefeln, Ketten, Gummi oder durch Unterwerfung ihre Laster. Bisexuelle Männer - und davon gibt es mehr als man denken würde - suchen natürlich auch Kontakt zu Männern. Davon an einer anderen Stelle mehr.

Ein weiteres sexuelles Geheimnis ist der Cybersex. Nicht wenige Männer suchen sich sexuelle Kontakte im Internet, in sozialen Netzwerken wie *Facebook*, *Twitter* und *Netmeeting* und tauschen sich hier verbal oder per Webcam mit allen möglichen Sexpartnern, seien es Amateure oder Profis, aus.

Weitere Geheimnisse sind heimliche Gedanken und Lügen. Häufige Lügen sind: „Pornos interessieren mich nicht", „Ich habe nie daran gedacht, mit deiner Freundin ins Bett zu gehen", „Ich würde dich nie betrügen", „Ich habe deiner Freundin nicht auf den Busen geguckt" und mehr. Ob es die Frauen nun zugeben oder nicht: Sie fühlen sich besser, wenn sie von Männern in Bezug auf Sex belogen werden und das wissen Männer. Ein Mann lernt schnell, dass Frauen länger bleiben und sich nicht so sehr in seine Angelegenheiten einmischen, wenn er ihnen nach dem Mund redet. Frauen sollten realisieren, dass diese Schutzbehauptungen und auch die anderen Männergeheimnisse die Partnerschaft nicht destabilisieren, sondern im Gegenteil diese sogar festigen. Jeder Mensch hat ein Recht auf seine eigenständigen Gedanken, seine Geheimnisse und auf seine eigene Sexualität, nur so ist eine dauerhafte stabile Partnerschaft möglich.

Dann gibt es natürlich auch Männergeheimnisse, die nicht sexueller Natur sind. Es soll Männer geben, die heimlich des nachts weinen, wenn ihr Fußballverein verliert. Es gibt männliche Wesen, die tagsüber heimlich in einen Kosmetiksalon gehen. Auch viele der Männergedanken sind geheim und werden nicht geäußert: „Ist mein Penis zu klein?", „Bin ich zu alt?", „Bin ich männlich genug?", „Ist mein Bauch zu dick?" Dabei gehen Männer in der Öffentlichkeit mit stolzem Bauch und knapper Badehose durch die Gegend. Während Frauen permanent darauf bedacht sind, ihren Bauch einzuziehen, strecken Männer einer vorbeigehenden Frau ihre Fettrolle entgegen, als wollten sie sagen: „Sieh her, was bei mir für ein Wohlstand herrscht!" - in weisem Bewusstsein, dass sein Marktwert nicht vom Aussehen abhängt. Des Weiteren denkt der Mann: „Kann ich eine Frau sexuell befriedigen?", „Werde ich eine Glatze bekommen?", „Werde ich genug Geld haben und für eine Familie sorgen können?" und „Werde ich eine passende Frau finden?" Die Gedanken des Mannes und seine Ängste sind mannigfaltig und für Frauen oft schwer nachzuvollziehen.

Was macht einen Mann attraktiv?

Natürlich wünschen sich die meisten Frauen einen großen, schlanken und muskulösen Adonis. 80 Prozent der jungen Frauen finden einen durchtrainierten männlichen Körper unheimlich sexy, gefolgt von gepflegten Händen und Füßen. Bei den älteren Damen ist es genau umgekehrt: Hier rangieren die Hände an erster Stelle. An dritter Stelle stehen Waschbrettbauch und Po. Auch hier sind es besonders die jüngeren Frauen, die auf diese Attribute reflektieren. Lange Haare wünschen sich nur wenige jungen Frauen, von Tätowierungen will die Mehrheit der Weiblichkeit nichts wissen, dafür ist ein Dreitagebart willkommen.

Doch wie sieht es mit der Realität aus? Laufen solche Schönlinge auch scharenweise durch die Gegend? Zwangsläufig geben sich die Frauen - im Gegensatz zu vielen Männern - auch mit weniger zufrieden. So sind es die sogenannten inneren Werte, auf die es letztlich maßgeblich ankommt: Selbstbewusstsein ist gefragt, doch die Anführer der Liste sind Treue und Romantik sowie Ehrlichkeit und Humor. Ein Mann muss treu sein können. Darauf achtet die zukünftige Partnerin besonders. Ein Betthupfer wird keine Chance auf eine dauerhafte Partnerschaft haben. Ein Mann sollte eine Frau außerdem zum Lachen bringen können, denn heitere Partner stehen für einen Menschen mit einem ausgeglichenen Leben. Doch Vorsicht: Nicht übertreiben! Ein Kasperl gehört in den Zirkus! Frauen sehnen sich außerdem nach Zärtlichkeit und Geborgenheit. Streicheleinheiten sind ihnen oft wichtiger als harter Sex. Der Mann sollte seine Partnerin zudem beschützen können, und er muss zuhören und verstehen können. Frauen reden gerne und wollen nicht gegen die Wand sprechen. Männer müssen um Frauen kämpfen, denn Frauen wollen erobert werden. Aber auch sonst sollte der Mann kampfbereit sein, etwa in seinem Beruf oder auch in privaten Dingen. Sehr gefragt ist Hygiene. Ein sauberer, frisch geduschter, gut frisierter sowie rasierter Mann wird bevorzugt. Ein Deodorant und ein wenig Eau de Toilette können nicht schaden. Die Augenbrauen sollten gezupft, die Nasen- und Ohrenhaare entfernt sein.

Ein Mann sollte eine sexuelle Ausstrahlung, einen Sexappeal, haben. Das ist nicht unbedingt gleichbedeutend mit einem sexy Körper. Es ist eher ein Produkt des Sichtbaren und Unsichtbaren, das uns als Mann ausmacht. Sexappeal ist dabei dieses gewisse Etwas, das den Wunsch weckt, einer Person näherzukommen. Der Mann muss sich selbst mögen, um eine positive Ausstrahlung zu haben. Er muss in erster Linie selbstbewusst sein. Sein Geist sollte in Form sein und sein IQ hoch. Intelligente Männer mit einem gewissen Niveau werden von

Frauen präferiert. Auch Macht ist sexy: Berühmte, mächtige Männer haben es leichter, sich ein weibliches Wesen zu angeln, denn Frauen können zu ihnen aufschauen, fühlen sich von ihnen beschützt und gut versorgt. Dabei spielen aber insgesamt materielle Werte bei vielen Frauen nur eine untergeordnete Rolle, behaupten sie zumindest - das Haus, das Auto oder die Yacht kommen im Ranking ganz hinten zum Tragen. Wer es glaubt, wird selig!

Das Verhalten - wie Gestik, Mimik und Sprache - spielt eine große Rolle, denn auch die Sprache kann durchaus sexy sein: Tiefe und weiche Stimmen bezaubern die Frauenwelt. Gute Manieren sind gefragt. Dabei sind es nicht nur das Öffnen der Tür oder das Hineinhelfen in den Mantel, sondern allgemein die Freundlichkeit und Offenheit, mit der der Mann auf andere Menschen zugeht. Kurz gesagt: Um einen Mann attraktiv zu finden, muss die Chemie zwischen den beiden Menschen stimmen.

Warum Männer ihre Gefühle verbergen

Jede Frau hat sich schon einmal die Frage gestellt, warum sich ihr Mann so schwer tut, seine Gefühle zu zeigen, denn die meisten Männer unterdrücken ihr Gefühlsleben. Dafür gibt es mehrere Gründe. Haben die Männer vielleicht weniger Emotionen als Frauen? Nein, es gibt hier keine Unterschiede. Warum unterdrücken sie sie dann aber?

Wir Männer sind noch stark geprägt von der Vorstellung, dass es unmännlich ist, Rührung, Trauer und Freude zu zeigen. Wir wurden als Knaben so erzogen, das nicht zu tun - Mädchen weinen, Buben haben tapfer zu sein: „Ein Indianer kennt keinen Schmerz". Vor unseren Freunden als Weichei dazustehen ist das Schlimmste, was uns passieren kann. Das zieht sich durch unser ganzes Leben: Schule, Universität, Bundeswehr und auch im späteren Berufsleben. Die Einstellung lautet darum ganz klar: „Wie es in mir drinnen aussieht, geht niemanden etwas an". Härte und Beherrschung sind gefragt. Dafür entladen sich unsere Gefühle dann explosionsartig - Wutausbrüche und Aggressionen sind die Folge. Besonders in Krisenzeiten während der Scheidung, bei der Pensionierung oder bei Stress kommen diese Emotionen dann zum Vorschein. Männer lassen ihre Gefühle oft in Form von Ärger heraus. Denn eines ich sicher: Auch wir müssen unsere Emotionen irgendwie verarbeiten.

Männer fürchten, sie könnten an Ansehen verlieren, wenn sie Gefühle zeigen, denn sie fragen sich: „Kann man zu jemandem aufsehen, der weint?" Sie haben Angst davor, als Schwächling gesehen zu werden. Frauen wollen in der Regel auch keine Softies, sie wollen starke Männer. Männer gehen mit ihren Gefühlen auch anders um. Als Schutzmechanismus beschäftigen sie sich nicht so viel mit ihren Emotionen. Auch Männer trauern, aber sie trauern eben anders. Während von der Witwe am Grab ihres Mannes erwartet wird, dass sie in tiefes Schluchzen ausbricht, erzeugt der Mann im umgekehrten Falle selbst heute noch ein gewisses Unbehagen. Man erwartet von ihm eine stoische, ernste Miene. Das ist aber auch vom Kulturkreis abhängig. In südlichen Ländern wird eher ein nicht weinender Mann am Grab Befremden auslösen. Männer verarbeiten Trauer eher logisch, Frauen hingegen emotional. Auch können Männer mit ihren Freunden ihre Gefühle schlecht teilen - sie tun sich schwer, diese zu äußern. Freundinnen hingegen tauschen sich sehr wohl darüber aus und verarbeiten sie so.

Männer wenden auch oft die Strategie an, vor Gefühlen zu flüchten. Sie werden entweder zum

Workaholic, intensivieren eine Sportart oder suchen im Alkohol Kompensation und Trost.

Denn Männer genieren sich ob ihrer Gefühle. Warum sagt er nie „Ich liebe Dich", seufzt so manche Frau. Männer haben es mittlerweile verlernt, ihre Gefühle zu zeigen. Im Sexrausch fallen aber oft die letzten Hemmungen und Schranken. Da zeigt so mancher Mann seine wahren Emotionen.

In der Partnerschaft hat diese ganze Thematik Auswirkungen auf die Beziehung. Das ganze emotionelle Repertoire der Frau trifft auf den scheinbar gefühllosen und wortkargen Mann. Frauen können sich in den Mann einfach nicht einfühlen. „Woran denkst Du gerade? Was fühlst Du gerade?", fragen sie oft. Aber wir Männer wollen auf diese Fragen einfach keine Antwort geben. Doch etwas hat sich in der heutigen Zeit schon gebessert: Ein bisschen weinen darf auch der Mann von heute, sei es bei der Hochzeit oder bei seinem 25-jährigen Berufsjubiläum.

Der Mann und die Romantik

Umfragen zeigen, dass Männer genauso romantisch sind wie Frauen, nur haben sie eine andere Auffassung davon, was romantisch ist. Romantik sollte alles sein: ein Liebesbeweis, traute Zweisamkeit, Aufregung, Sehnsucht und Sicherheit. Der Übergang zum Kitsch ist fließend und die Grenze liegt bei jedem Menschen woanders. Frauen stehen auf rote Rosen, Sonnenuntergänge, Essen bei Kerzenschein, Liebesbriefe und weiße Pferde - Männer nicht zwangsläufig. Für Männer ist vielleicht eine Fahrt mit der Transsibirischen Eisenbahn romantisch. Zu viel Romantik ist jedenfalls auch schlecht, denn auf viele Frauen wirken zu romantische Männer verweichlicht und unmännlich. Es gilt also, die goldene Mitte zu finden. Gegen einen romantischen Spaziergang, ein Picknick im Freien oder ein romantisches Abendessen wird eine Frau doch sicher nichts einzuwenden haben. Zu wenig Romantik wiederum lässt den Mann spröde und kalt erscheinen. Den meisten Männern wird nachgesagt, sie seien abgebrüht und zu realistisch.

Welche Möglichkeiten hat nun ein Mann, auf die Frau romantisch zu wirken? Der Klassiker ist immer noch der Blumenstrauß, so sehr wir Männer auch mit Blumen nichts anfangen können, weil wir uns denken „Wofür so viel Geld ausgeben für etwas, das in ein paar Tagen welk ist und im Müll landet?" Ein Feuer im Kamin zu entfachen ist eine gute Idee - es wärmt, wirkt heimelig und fördert die Zweisamkeit. Auch ein Candlelight-Dinner in einem guten Restaurant verfehlt sicher nicht seine Wirkung. Der Frau Nahrung anzubieten, hat schon in der Urzeit ihr Interesse geweckt. Mit der Liebsten tanzen zu gehen wäre eine weitere Möglichkeit. Denn das ist für die meisten Männer die größte Strafe und das weiß die Frau. Eine Frau in den Armen zu halten - was gibt es Romantischeres? Eine Flasche Sekt mitzubringen und diese gemeinsam zu leeren - ein bombensicherer Treffer. Dabei sollte sich der Mann aber mit der Frau unterhalten, denn das schätzen die meisten weiblichen Wesen. Ein spontaner Theaterbesuch, ein Picknick am Sonntag oder einfach nur inniger Körperkontakt - all das wird von der Frau als romantisch empfunden und festigt die Zweisamkeit. Es gibt und gab Männer, die extrem romantisch sind oder waren: Komponisten, Musiker, Maler, Literaten - so gab man einer ganzen kulturgeschichtlichen Epoche den Namen Romantik.

Was Männer vom Sex erwarten

Wenn ein Mann sagt: „Meine Freundin ist wirklich sensationell im Bett", was meint er damit? Das ist völlig unterschiedlich. Der eine Mann steht auf das, der andere auf etwas anderes. Bei manchen männlichen Wesen seht die Natürlichkeit im Vordergrund: „Ich mag es, wenn sich meine Freundin völlig natürlich verhält. Sie soll nicht aufgedonnert und geschminkt daherkommen, sondern sich beim Sex so geben, wie sie wirklich ist und dabei das machen, was sie wirklich will. Ich will nicht, dass sie mein Sperma schluckt, nur weil sie glaubt, dass ich das mag. Natürlichkeit ist alles." Das Wichtigste sei, beim Sex richtig verliebt zu sein, meint wiederum ein anderer Mann: „Nur wenn ich in das Mädchen total verknallt bin, habe ich den vollen Genuss. Ich kann dann drei Orgasmen in einer Nacht haben. Ohne Liebe ist das nur die halbe Miete." Dem dritten Mann gefällt wiederum eine egoistische Frau: „Ich mag es, wenn sich meine Frau auf sich selbst und auf ihren Spaß konzentriert. Ich liebe es, ihr dabei zuzusehen, wie sie es sich vor mir selber macht und dabei kommt. Dann habe ich automatisch Lust an der Sache." „Ich mag wiederum eine Frau, die sich im Bett gehen lässt und abgeht wie eine Rakete", meint der nächste Mann, denn „Ekstase ist das Höchste!" Ein anderer meint: „Ich steh auf schmutzige Gespräche beim Sex. Ich liebe es, wenn wir uns gegenseitig fesseln und uns dabei unanständige Worte um die Ohren hauen." Schließlich gibt es auch Männer, die es mögen, hingehalten zu werden: „Ich mag es, wenn mich die Frau nicht gleich am ersten Abend an sich heranlässt und sich der sexuelle Hunger aufstaut. Dann entlädt sich ein wahres Sexgewitter, wenn es soweit ist und die Nacht ist dann bombastisch." Dann gibt es Männer, die Mädchen mögen, die variantenreich sind, flinke Hände haben, den Mann speziell mit dem Mund verwöhnen und auch sonst die ausgefallensten Sexpraktiken mitmachen. Auch Frauen mit Humor, die gerne und oft lachen sind gefragt. Schließlich gibt es Männer, die Frauen mögen, die allzeit bereit sind: „Ich hasse es, wenn mich Frauen mit Müdigkeit oder Kopfschmerzen abspeisen, sobald ich sie zu streicheln beginne." Ein allgemeines „gut im Bett" gibt es also nicht. Egal zu welchem Typ Sie gehören, Männer - egal ob Tiger oder Schmusebär - wollen vor allem eins: nämlich der Beste, die Nummer eins im Bett sein. „Männer verbinden mit Sex einen gewissen Status und wollen in der Hierarchie der Lover ganz oben sein", meint der Heidelberger Paartherapeut Roland Kopp-Wichmann. Noch dazu, wo es Männer einfacher fällt, Sex von Liebe zu trennen.

Nun die Gegenfrage: Was nervt uns Männer im Bett? Kleine Schönheitsfehler sind es nicht, wie manche Frauen annehmen könnten. Die unrasierten Beine, kleine Brüste, Schwimmreifen um die Hüften, Achselgeruch - all das ist für die meisten Männer völlig unwichtig. Vor allem wenn die innere Einstellung zur Erotik, die bedingungslose sexuelle Hingabe stimmt. Alles sollte ausgeblendet sein: die Komplexe, Frust am Arbeitsplatz, die Angst, das Kleid könnte zerknittern, die Frisur zerstört werden. Die Frau sollte dem Mann in dieser Situation völlig untertan sein und sich gehen lassen. Lustkiller Nummer eins ist es daher, wenn die Frau mit den Gedanken woanders ist, denn wenn sie nicht bei der Sache ist, kann es schon einmal vorkommen, dass uns unser bestes Stück im Stich lässt - und das zurecht. Lustlosigkeit und Zickigkeit sind der nächste Abtörner. Baumwollslips mit Cartoons darauf sind eher etwas für Kinder als für ernstzunehmende Lover. Ein weiterer Lustkiller ist das Ausknipsen des Lichtes. Mädchen haben oft Probleme mit ihrer Figur und lieben Sex im Dunklen. Mancher Mann mag es auch nicht, wenn sich die Frau nicht völlig auszieht oder vielleicht nur die Socken anlässt. Das gilt übrigens auch für uns Männer. Auch das endlose Reden nach dem Sex nervt manche Männer. Mundgeruch, dreckige Füße und ein unsauberer Genitalbereich sind jedoch ernsthafte Lustkiller, während Sex in den Tagen der Periode den Männern nichts ausmacht. Das wiederum können viele Frauen nicht verstehen.

Warum Männer aufhören zärtlich zu sein

Hanna ist 25 Jahre alt, Jürgen 30, und beide kennen sich nun seit fünf Jahren. Seit drei Jahren leben sie zusammen. Jürgen ist ein toller Partner: zuvorkommend, treu und liebevoll. Die unternehmen viel gemeinsam, sei es, dass sie wandern oder schwimmen gehen. Auch gemeinsame Restaurant- und Discobesuche stehen auf der Tagesordnung. Ab und zu treffen sie sich mit Freunden oder gehen ins Theater. Jürgen ist auch ein guter Liebhaber. Er weiß, was Hanna wild macht. Er verwöhnt sie in jeder Richtung und sie kommt dabei regelmäßig zum Orgasmus.

Es wäre daher alles in besten Ordnung, wenn sich Jürgen in letzter Zeit nicht etwas verändert hätte: Seine Umarmungen und zärtlichen Berührungen werden immer seltener. Küsse zwischendurch, so wie es früher einmal war, gibt es kaum noch. Deshalb versucht Hanna, die Initiative zu ergreifen. Sie greift beim Spaziergang nach seiner Hand, lehnt sich an seine Schulter oder umfasst seine Hüften. Doch irgendwie weicht ihr Jürgen ihr aus. Hanna fehlt die Anschmiegsamkeit, sie würde gerne auf ein Stück Sex verzichten, würde es mit der partnerschaftlichen Zärtlichkeit wieder stimmen, doch Jürgen streichelt seine Hanna nur, wenn er Sex will. Was geht in ihm vor? Warum hat er sich verändert? Liebt er Hanna am Ende gar nicht mehr oder hat er

143

eine andere Frau? Warum verändern Männer im Laufe einer Partnerschaft oft ihr Zärtlichkeitsverhalten? Berührungen sind doch so wichtig. Unsere Haut ist mit über zwei Quadratmetern das größte Organ unseres Körpers. Sie hat 2.800.000 Schmerzrezeptoren, 200.000 Wärmerezeptoren und 500.000 Druck- und Berührungsrezeptoren. Von Geburt an reagieren Mädchen deutlich stärker auf Berührungen als Jungen und im Erwachsenenalter ist die Haut der Frau zehnmal so druck- und berührungsempfindlich wie die des Mannes. Das Hormon, das das Bedürfnis auslöst, berührt zu werden ist das Oxytocin, das vor allem bei der Frau und hier wiederum bei der Entbindung eine große Rolle spielt. Es ist also kein Wunder, dass Frauen, deren Hautrezeptoren zehnmal empfindlicher sind, es so wichtig finden, ihre Männer und Kinder zu berühren. Versuche haben gezeigt, dass mangelnde Berührungen sogar zu Krankheiten bis hin zur Depressionen führen können. Bei Frauen kommt es durch die Berührung zu einer starken emotionellen Bindung. Frauen umarmen sich daher bei der Begrüßung fünfmal so häufig wie Männer. Im Gegensatz dazu bedeutet ein „Fass mich nicht an!", dass die Frau verärgert und enttäuscht ist.

Warum aber ändert sich beim Mann das Zärtlichkeitsbedürfnis im Laufe einer Partnerschaft? Während der ganz frischen Verliebtheit werden Substanzen im Gehirn freigesetzt, die den

144

Mann dazu drängen, mit seiner Partnerin Sex zu haben, um Nachkommen zu zeugen. Die ständigen Liebkosungen bedeuten „Ich will dich jetzt, ich möchte mit dir auf der Stelle kopulieren!" Zum Zeitpunkt der frischen Liebe ist dieser Wunsch besonders stark ausgeprägt. Er lässt aber mit der Zeit nach. Die erste ganz große Verliebtheit weicht jedoch einer anderen Form der Liebe, in der der Sex zwar weiterhin eine Rolle spielt, aber in der Regel nicht mehr die größte. Männer dezimieren ihre Zärtlichkeit und reduzieren sie auf das Vorspiel zum Sex. Manchen Männern sind Berührungen vonseiten der Frau sogar unangenehm, denn sie werden als Aufforderungen zum Sex verstanden, zu dem der Mann im Augenblick vielleicht gerade keine Lust hat. Frauen assoziieren mit Berührungen Liebe, Männer jedoch Sex.

Warum Männer Frauen nicht belügen können

„Männer sind schlechte Lügner" - stimmt dieses Vorurteil und wie lügen Männer eigentlich? Sind Frauen die besseren Lügner? Männer lügen vor allem, wenn sie einen Seitensprung vollzogen haben, doch die Lüge dazu verletzt eine Frau mindestens so sehr wie der Treuebruch selbst. Also warum lügt der Mann diesbezüglich? In erster Linie, weil er seine Frau behalten und sie nicht verlieren will. Außerdem scheut er die Auseinandersetzung. Schließlich will er sie nicht verletzen. Also lügt er: „Ich mache Überstunden. Ich fahre übers Wochenende zu einem Kongress. Ein Arbeitskollege war am Telefon. Ich bekomme andauernd Werbe-SMS. Du bildest dir alles nur ein. Sie hat sich mir an den Hals geworfen. Wir haben keinen Sex miteinander. Sie ist nur eine Arbeitskollegin." Diese oder ähnliche Lügen werden aufgetischt, um alles abzuschwächen, zu verschleiern oder zu leugnen. Männer versuchen, gezielten Fragen aus dem Weg zu gehen. Oft bewerkstelligen sie das mit Gegenfragen: „Traust Du mir nicht? Was ist nur los mit Dir? Wie kannst Du so etwas nur fragen?" Männer versuchen auch, die Wahrheit zu verbiegen: „Ich habe Dich zwar betrogen, aber das hat mir nichts bedeutet. Das hat überhaupt nichts mit Dir zu tun." Eine weitere Strategie ist, in das andere Extrem zu verfallen: Sie beginnen zu weinen, beteuern, dass alle Verdächtigungen nicht stimmen und an den Haaren herbeigezogen sind.

Doch Männer belügen auch ihre Geliebte, um besser dazustehen und ihr Ziel zu erreichen: „Ich betreibe viel Sport", anstelle von: „Ich sitze meist vor dem Fernseher." 90 Prozent der Männer lügen beim ersten Date. Männer heucheln, schmeicheln, übertreiben, flunkern und umgarnen. Sie sind Meister im Täuschen und Ablenken. Doch Frauen lügen noch besser. Sie lügen vor allem aus einem gesteigerten Harmoniebedürfnis heraus und sind Meister der Selbstlüge. Falsche Angaben über ihr Alter und Gewicht sowie der vorgetäuschte Orgasmus sind die Klassiker. Auch neigen sie dazu, ihre Partnerschaft schönzureden. Doch warum sind Männer schlechte Lügner, wenn es darum geht, eine Frau zu belügen? Untersuchungen zur zwischenmenschlichen Kommunikation haben ergeben, dass die Körpersprache dabei 60 Prozent ausmacht und nur zehn Prozent auf das Gesagte fallen. Die restlichen 30 Prozent entfallen auf die akustischen Signale. Frauen sind mit wesentlich besseren Antennen ausgestattet, was die nonverbalen Äußerungen betrifft. Einfach ausgedrückt: Frauen erkennen an den Gesten, dem Gehabe und am veränderten Verhalten, dass etwas nicht stimmt und der Mann lügt. Das ist auch der Grund, weshalb Frauen rasch erkennen, dass sie belogen werden, wenn die Kommunikation Angesicht zu Angesicht stattfindet. Wenn ein Mann eine Lüge auftischt, so wäre es am besten, er würde es am Telefon, in einem Brief oder im Finstern tun.

Welches sind nun die Signale, an denen eine Frau erkennt, dass der Mann lügt? Da sind einmal die Mikrogesten, die von einem bestimmten Hirnareal, dem sogenannten limbischen System ausgehen: Männer berühren sich selbst. Entweder an den Lippen, am Hals, im Nacken oder am Ohrläppchen. Nicht selten wird auch ein Hüsteln simuliert. Sieht Ihnen der Mann ins Gesicht? Ein ständiges Wegsehen ist ein verräterisches Zeichen. Eine geübte Frau kann eine Lüge auch an der Stimme erkennen: Sie wird tiefer und ist plötzlich monoton. Wie sehen die Gesichtszüge des Mannes aus? Sind sie angespannt? Presst er die Lippen zusammen? Atmet er schnell und stoßweise aus? Auch eine Bewegungsunruhe - ein Wippen der Füße im Sitzen oder ein Verschränken der Arme - ist ein Zeichen von vermehrtem Stress.

Dann gibt es da noch die kleinen Notlügen: „Sehe ich in diesem Kleid fett aus?", fragt die Frau, und kein Mann der Welt würde das bejahen. Auch wenn eine Frau fragen würde „Bin ich schlecht im Bett?", kann das kein Ehemann bestätigend zugeben. Das wäre beziehungstechnischer Selbstmord. Tatsache ist, dass wir im Durchschnitt 50-

148

mal am Tag lügen, bei Männern sind es sogar 70-mal und wir sind dabei schlechte Lügner. Und: „Eine schmerzhafte Wahrheit ist besser als eine Lüge!", meinte bereits Thomas Mann.

Wie Männer lieben

Männer und Frauen hegen zwar dieselben starken Gefühle füreinander, doch Männer lieben anders.

Lisa und Kevin kennen sich jetzt seit sechs Monaten und sind hoffnungslos ineinander verknallt. Lisa lässt keine Gelegenheit aus, um Kevin zu sagen, dass sie ihn liebt. Unzählige Male pro Tag flüstert sie ihm „Ich liebe Dich" ins Ohr, um ihn dabei jedes Mal zu umarmen. Kevin ist da eher zurückhaltender und ein „Ich liebe Dich auch", kommt ihm da schon seltener über die Lippen. Lisa steckt ihrem Geliebten oft Zettelchen mit Liebesbotschaften zu oder schreibt ihm gar Liebesbriefe. Kevin hingegen teilt ihr eher per SMS oder am Telefon seine Liebe mit: „Ich kann ohne Dich nicht leben", „Ich denk an Dich" tippt er in die Tasten oder flüstert es durchs Handy ins Ohr. Kevin holt seine Angebetete oft von der Arbeit ab, schenkt ihr Blumen, geht für sie einkaufen oder hilft ihr im Haushalt.

Frauen teilen ihre Liebe verbal mit und sorgen für ein warmes, emotionales Klima in der Beziehung. Männer drücken ihre Gefühle seltener in Worten aus, sondern lassen eher Taten sprechen. Warum sagen Männer so selten „Ich liebe Dich"?

Für Frauen ist das kein Problem, denn die Vernetzung ihrer Hirnstrukturen ist so konzipiert, dass ihre Welt voller Gefühle, Emotionen, Kommunikation und Worte ist. Eine Frau weiß, dass wenn sie in der Bindungsphase ist, sie den Betreffenden mit hoher Wahrscheinlichkeit liebt und sie sagt es dann auch. Ein Mann hingegen ist sich nicht ganz sicher, was Liebe ist und verwechselt oft Verliebtheit und Lust mit Liebe. Er weiß nur, dass er seine Hände nicht von ihr lassen kann. Ist das vielleicht Liebe? Sein Gehirn ist umnebelt von Testosteron, er hat ständig eine Erektion und kann kaum denken. Männer teilen ihre Liebe weniger verbal mit, sondern senden Liebessignale aus. Ist es wirklich einmal die große Liebe, so sind Männer bereit, dafür alles zu tun - mehr noch als so manche Frau glauben mag. Nach einer Umfrage sind 71 Prozent der Männer bereit, im Haushalt zu helfen. 37 Prozent der Männer sind bereit, die nervige Herkunftsfamilie der Angebeteten zu ertragen, 72 Prozent der Befragten würden gern mit ihrer Liebsten zusammenziehen, 25 Prozent würden entweder beruflich leiser treten oder ihre Hobbys reduzieren, um mehr Zeit für die Beziehung zu haben, 52 Prozent sind für die Ehe und 41 Prozent für den Nachwuchs bereit. Doch welche Liebessignale senden Männer aus? Hilft Ihr Geliebter plötzlich im Haushalt mit? Hängt kein „Ich-liebe- Dich"-Zettel am Kühlschrank, sondern leert er das Katzenklo? Das ist Liebe! Sagt er Ihnen zwar nicht zehnmal am Tag, dass er sie liebt, aber geht für Sie einkaufen? Dann ist es Liebe! Kauft er Ihnen zum Geburtstag einen High-Tech-Mixer anstelle von Blumen? Auch das ist Liebe: Er will ihnen die Arbeit erleichtern. Wie erkennt also die Geliebte, ob Ihr Mann sie liebt? Paarberater Michael Mary dazu: „Er tut etwas für sie oder hält etwas Quälendes aus!" - das ist wahre Männerliebe!

Der homosexuelle Mann

Ist Homosexualität anerzogen oder angeboren? Das ist die Frage. Wissenschaftler und die meisten Sexualforscher sind der Meinung, dass Homosexualität eine sexuelle Orientierung ist, auf die man keinen Einfluss hat. Bei den meisten Menschen bildet sich die homosexuelle Orientierung bereits im Mutterleib aus und ist bis zum fünften Lebensjahr abgeschlossen. Man glaubt sogar, ein „Schwulen-Gen" gefunden zu haben, denn 52 Prozent der eineiigen Zwillinge sind homosexuell. Die Wahrscheinlichkeit, heterosexuell zu werden, liegt bei 90 Prozent. Fünf bis zehn Prozent der Bevölkerung sind homo- bzw. bisexuell. Auch Hormone im Mutterleib könnten eine Rolle spielen. Jedenfalls ist Homosexualität weder eine Modeerscheinung - es gab und gibt sie in allen Epochen und Kulturkreisen - noch ist sie unnatürlich, denn sie kommt auch im Tierreich vor. Schwule sind in der Regel weder pädophil noch ist Homosexualität eine Krankheit. Es gibt Menschen, die glauben, dass man seine Vorlieben und Abneigungen durch Willenskraft oder bewusste Entscheidungen steuern könnte. So hat man jahrhundertelang versucht, durch Kastration, medikamentöse Behandlung, Elektroschocktherapie, Exorzismus, Entfernung von Gehirnteilen, Gebärmutter oder Brüsten Schwule und Lesben von ihrem „Laster" zu befreien - natürlich vergebens. Wenn man versucht, Homosexuelle umzupolen, was fast immer erfolglos bleibt, so kann das zu schweren Depressionen, psychosomatischen Erkrankungen hin bis zum Selbstmord führen. Wenn der Mensch - meist zur Zeit der Pubertät - seine Neigungen erkennt, so ist er orientierungslos, fühlt sich anders als alles anderen und ist verzweifelt. Jahrelang wird das deshalb verdrängt und nicht mitgeteilt. Das kostet viel Kraft und nagt an der Persönlichkeit. Oft erst im mittleren Alter „outen" sich berühmte Persönlichkeiten und erfahren dadurch eine immense Erleichterung. Gewisse homosexuelle Tendenzen hat jeder Mensch. Homosexuelle Fantasien, Aktivitäten und Erfahrungen in der Kindheit und Jugend gehören zur normalen sexuellen Entwicklung. Der Sexualforscher Dr. Alfred Kinsey fand bei seinen Forschungen heraus, dass 95 Prozent der Menschen bisexuelle Neigungen haben.

Wie gestaltet sich eine homosexuelle Partnerschaft? Prinzipiell wie eine heterosexuelle. Eine typische Rollenverteilung, dass der eine Teil den männlichen oder weiblichen Part übernimmt, gibt es meistens nicht. Beim Sex haben sie den Vorteil, dass sie genau wissen, wo die erogenen Zonen liegen und wie man sie stimulieren kann. Die homosexuelle Sexualität ist sehr analbezogen und der Penis spielt verständlicherweise eine große Rolle. In erster Linie finden Anal- und Oralverkehr statt.

Auch das gegenseitige Reiben der Penisse wird praktiziert. Beim Analverkehr ist es überaus wichtig, ein Kondom zu verwenden, da die Schleimhaut leicht verletzlich ist und daher eine Eintrittspforte für HIV- und andere Viren darstellt - wie Herpes genitalis, Hepatitis B und C, die ebenfalls beim Geschlechtsakt übertragen werden können.

Manchen Schwulen sieht man ihre Neigung an. Sie kleiden sich feminin und modisch, man merkt es an der Sprache, an Gesten, den Bewegungen, speziell dem Gang. Andere wiederum verhalten sich wie heterosexuelle Männer.

Interessant ist die Geschichte der Homosexualität: In der Antike war sie weit verbreitet und gesellschaftsfähig. Hier ist besonders der große Altersunterschied auffällig: Wohlhabende Herren hielten sich ihre Lustknaben. Mit dem Christentum wurde die gleichgeschlechtliche Liebe zunehmend geächtet. Zur Zeit der Aufklärung und der Französischen Revolution wurde sie weniger als Verbrechen denn als Krankheit angesehen, die es zu heilen galt. Bis zum Jahr 1794 wurde dieses Laster in Preußen noch mit dem Tode bestraft. Im Dritten Reich wurden Homosexuelle geächtet und 100.000 davon in sogenannten roten Listen erfasst. Sie wurden als abartig angesehen und zum Teil in psychiatrische Anstalten eingewiesen, kastriert oder sie landeten in Konzentrationslagern. Frauen jedoch wurden nicht wegen gleichgeschlechtlicher Liebe verfolgt. In den 60er-Jahren letztendlich fand ein gesamtgesellschaftlicher Wandel statt und die Homosexualität wurde weitgehend akzeptiert. Es kam in Deutschland zur Reform des Strafrechts: homosexuelle Handlungen von Männern über 21 Jahren waren von nun an straffrei. 1973 wurde das Alter auf 18 Jahre herabgesetzt.

Die römisch-katholische und auch die orthodoxen Kirchen sind der Meinung, homosexuell veranlagte Menschen müssten abstinent leben oder sich dem anderen Geschlecht zuwenden, um Gottes Willen zu entsprechen. Trotz zunehmender Akzeptanz der gleichgeschlechtlichen Liebe gegenüber bleibt also noch viel zu tun, speziell was die juristische Gleichstellung von Homosexuellen betrifft.

Die lesbische Liebe wurde und wird eher gesellschaftlich akzeptiert. Da die Sexualwissenschaft von Männern geprägt ist, gibt es nur wenige Untersuchungen zur lesbischen Liebe. Lesben haben weniger Interesse an flüchtigen Sexualkontakten als Männer. In einer Befragung gaben 82 Prozent der Lesben an, dass Sexualität für sie wichtig ist. Der Sex ist ganzheitlicher, wobei Umarmungen, Küsse, Cunnilingus, 69 und das Aneinanderreiben der Kitzler eine Rolle spielen. Sie empfinden die Sexualität emotionaler, zärtlicher, einfühlsamer und befriedigender als Männer. Das nimmt man zumindest an.

Der bisexuelle Mann

Es gibt sie reichlich, die sexuellen Grenzgänger. Die Wissenschaft nimmt an, dass jeder zweite Mann und jede zweite Frau zumindest kurzfristig mit dem anderen Geschlecht liebäugeln. Dr. Alfred Kinsey fand sogar heraus, dass 90 Prozent der Bevölkerung bisexuell ist. 3,4 Prozent der Männer bezeichnen sich selbst als bisexuell. Bei vielen Menschen spielt sich das bisexuelle Verlangen allerdings nur im Kopf ab, doch nicht wenige Menschen setzen ihre Wünsche auch in die Tat um. Die Nischen der sexuellen Freiheit in den Großstätten und das Internet wirken wie ein Katalysator für die bisher ruhenden bisexuellen Neigungen. Die Online-Kontaktbörsen sind voll von Frauen, die es mit einer Frau ausprobieren möchten und von Männern, die eine schnelle Sexbekanntschaft suchen. Der bisexuelle Mann ist ein vollwertiger Partner für seine Geliebte oder Ehefrau. Nur dass er eben zusätzlich den Wunsch hegt, sich gelegentlich auch gleichgeschlechtlich zu betätigen. Das spielt sich in Pornokinos ab, auf Toiletten, in Clubs oder im Freien - ein schneller Quicky ohne große Umschweife. Dabei befriedigt man sich gegenseitig mit der Hand oder hat Oral- bzw. Analverkehr, wobei es aktive und passive Männer gibt. Auch in Gefängnissen, Klöstern und Heimen kommt die Bisexualität zum Tragen. Die Lust auf das andere

Geschlecht kann jedoch auch auf einen Leidensweg führen, nämlich wenn sich der Mann doch in den anderen Mann verliebt und eine Dreiecksbeziehung entsteht. Das ist zwar selten der Fall, bringt aber dann Probleme mit sich und kann zu einem Ende der Partnerschaft führen. Andererseits kann es auch zu großen Schwierigkeiten kommen, wenn die Ehefrau von den Neigungen des Mannes erfährt. Sie fühlt sich gekränkt, betrogen und eine Welt bricht für sie zusammen. Dabei sollten Sie sich als Frau bewusst sein, dass sein Verhalten mit der gemeinsamen Partnerschaft überhaupt nichts zu tun hat. Es ist nicht gleichbedeutend mit einer schlecht geführten Ehe, wenn ein Mann auch andere Männer begehrt: Die Gefühle zur Frau sind meist Liebe, beim anderen Mann geht es in der Regel nur um Sex. Bisexuelle Männer werden übrigens von Homosexuellen weitgehend belächelt, da sie Kontakte zu Frauen haben und diese auch lieben. Sie werden daher oft ausgegrenzt oder angefeindet.

Heutzutage ist alles erlaubt, was guttut und nicht schadet - ganz nach dem Motto „Ein bisschen bi schadet nie!"

Der transsexuelle Mann

Transsexuelle Menschen haben das Gefühl, im falschen Körper zu leben. Sie haben den Wunsch, das andere Geschlecht anzunehmen, das heißt im Klartext: Transsexuelle Männer wollen Frauen sein. Sie haben männliche Geschlechtsorgane und wollen sich einer Operation unterziehen, die sie zur Frau macht und ihnen die Möglichkeit gibt, den Geschlechtsverkehr als Frau auszuüben. Die Ursachen für Transsexualität sind derzeit noch völlig unklar. Man nimmt an, dass auf 30.000 Menschen ein Transsexueller kommt. Die Betroffenen spüren diese Neigungen schon im Vorschulalter. Sie haben das Gefühl, dass etwas mit ihnen nicht stimmt. Knaben geben sich weiblich, schminken sich und spielen mit Puppen. Doch erst in der Pubertät beginnen die großen Probleme: Die jungen Männer wollen Frauenkleidung tragen und sich wie Frauen frisieren. Nicht selten verkleiden sie sich heimlich vor dem Spiegel als Frauen. Die heranwachsenden Geschlechtsorgane werden als störend empfunden. Transsexuelle Männer fühlen sich plötzlich zu Männern hingezogen. Trotzdem erfüllen sie in der Regel ihre vermeintlichen gesellschaftlichen Pflichten, heiraten und zeugen Kinder. Wird die Neigung frühzeitig erkannt und durch psychologische Tests erhärtet, so kann man schon vor der Pubertät mit einer Hormonbehandlung beginnen, die dazu führt, dass Brüste wachsen und der Stimmbruch ausbleibt.

In der Regel outen sich die Betroffenen aber erst, wenn sie in einer Partnerschaft leben. Für die betreffende Ehefrau ist das natürlich ein Schlag ins Gesicht, dennoch zeigen einige Verständnis für die Neigung ihrer Männer und lösen die Partnerschaft nicht auf. Meistens geht die Beziehung allerdings in die Brüche. 50 Prozent der Betroffenen unterziehen sich einer komplizierten geschlechtsangleichenden Operation, die in der Regel von der Krankenkasse bezahlt wird, denn Transsexuelle erfahren in der heutigen Zeit eine zunehmende Akzeptanz.

Zuletzt ein Spruch, den schon die alten Römer kannten: „In rebus sexualibus omnia possibilia" heißt so viel wie "In der Sexualität ist alles möglich!"

Quellenverzeichnis:

WIKIPEDIA - Die freie Enzyklopädie
KINSEY - Report (1954 - 1955)
Intimate Medicine Sexlexikon
web4health.info
PENISPEDIA
www.wielandstolzenburg.de
single.de
www.planet-wissen.de
www.partnerschaft-beziehung.de
MEN`S HEALTH

Dr.med. Robert Hosner, geboren am 28. Juli 1948 in Graz, Österreich, wirkte nach seiner Promotion zum Doktor für Allgemeinmedizin und seiner späteren Ernennung zum Facharzt für Innere Medizin als Oberarzt und Notarzt an der medizinischen Abteilung in *Feldbach*. Nach seinem Erstlingswerk, der Autobiografie *„Als meiner Seele der Strom ausging: Lebenserinnerungen eines depressiven Arztes"*, und seinem zweiten Buch *„Doppelt genäht hält besser: Heiteres und Skurriles aus dem ganz normalen Krankenhausalltag"* schrieb er zuletzt das Werk *„Warum Frauen duften und Männer stinken: Der moderne Reinlichkeitskult"*.. Dr. Robert Hosner ist geschieden, lebt mit seiner Lebenspartnerin in *Feldbach* in der Steiermark und hat eine erwachsene Tochter. Seine Lieblingsbeschäftigung ist das Reisen.
www.robert-hosner.com
www.robert-hosner.at